공존에 대한 사색:
인간 교육 사회

김훈희 · 황영신 공저

박영story

서 문

저자는 『공존에 대한 사색: 인간, 교육, 사회』를 구성함에 있어 독자들이 이해하기 쉽고 인간에 대하여 그리고 인간과 교육, 인간과 사회의 관계에 대하여 사색해 볼 수 있도록 집필하는 데 특히 주의를 기울였다. 먼저 제목이 시사하듯이 가능한 이해하기 쉽도록 우리 주변에서 살펴볼 수 있는 실제적인 측면을 강조하였다. 적지 않은 기존 책들은 이론의 소개에 너무 치중하여 이론적 이해도 쉽지 않을 뿐만 아니라 실제로 적용하기에는 상당한 어려움이 있다는 학습자들의 피드백을 부인하기는 힘들 것이다.

이 책에서는 각 장의 제목에 '사색'을 덧붙임으로써 이 사색이란 단어를 통해 질문을 던지고 있다. 이 질문은 독자로 하여금 각 장의 구체적 내용을 읽기 전에 우선 생각해 볼 수 있도록 하는 것이며, 한 편의 에세이를 읽듯이 쉽게 읽어나갈 수 있도록 하였다. 또한 독자들이 각 장의 본문 내용을 좀 더 폭넓게 이해할 수 있는 읽기 자료와 활동자료를 제시하였다. 따라서 이 책을 읽는 독자는 각 장의 구체적 내용을 읽기 전에 각 장의 제목을 보며 잠시 멈추고 그 해답을 사려 깊게 한 번 생각해보기를 바란다. 그런 후 구체적 내용을 읽으면서 해답을 스스로 찾아볼 수 있도록 학습의 과정을 구성하였다. 물론 정해진 해답이 반드시 있거나 혹은 한 가지 해답만 있는 것은 아니다. 이 책은 인간과 사회와 교육에 대하여 다양한 측면에서 생각할 수 있는 지도 혹은 방향키의 역할을 할 것이며, 수업 시간에 적용할 때는 협동 학습을 하거나 토의 주제로써 활용할 수 있을 것이다.

2023년 한 해를 보내며
저자 일동

목 차

제1장. **인간에 대한 사색 하나 / 1**

   1. 인간 본성에 대한 탐구   3

   2. 인간 발달에 대한 탐구   5

제2장. **인간에 대한 사색 둘 / 11**

   1. 4차 산업혁명 시대   13

   2. 새로운 인재의 모습   15

제3장. **자아실현인과 메타인지 / 23**

   1. 자아실현인   25

   2. 메타인지   26

제4장. **인간학습에 대한 사색 하나 / 35**

   1. 학습과 학습이론   37

   2. 학습동기   38

제5장. **인간학습에 대한 사색 둘** / 45

   1. 지능과 학습   47

   2. 다중지능   52

제6장. **교육에 대한 사색** / 59

   1. 교육의 필요성과 교육   61

   2. 교육자의 자질과 역할   68

제7장. **인간사회에 대한 사색** / 79

   1. 인간과 사회   81

   2. 조직과 조직 문화   84

제8장. **성취동기와 회복탄력성** / 93

   1. 성취동기   95

   2. 회복탄력성   97

제9장. **콤플렉스** / 105

   1. 콤플렉스 원인과 작용   107

   2. 콤플렉스의 유형   108

제10장. **사회인으로서 인성에 대한 사색 / 117**

   1. 인성덕목   119

   2. 인성함양을 위한 교육   121

제11장. **창의성 / 131**

   1. 창의적인 사람   133

   2. 창의적 능력   135

제12장. **일과 직업에 대한 사색 / 153**

   1. 일과 직업의 개념   155

   2. 진로교육   159

제13장. **평생학습사회와 평생교육 / 165**

   1. 평생학습사회   167

   2. 평생교육과 과제   169

   참고문헌   174

제1장

인간에 대한 사색 하나

인간에 대한 사색 하나

1. 인간 본성에 대한 탐구

인간은 어떤 존재인가, 인간의 본성은 어떠한가에 대한 물음은 오랜 역사를 가지고 있다. 인간은 선한 존재일까, 악한 존재일까, 선한 존재도 악한 존재도 아닌가 또는 인간의 본성을 연구하는 현재의 심리학에서는 인간을 어떻게 규정하는 것인가에 대해 생각해볼 필요가 있다.

인간 본성에 관한 과학 이전의 견해는 크게 성악설, 성선설, 백지설로 구분할 수 있다. 성악설(性惡說)은 인간은 태어날 때부터 도덕적으로 악한 충동을 지니고 있기 때문에 본능적으로 악한 행동을 하도록 된 존재라는 것이다. 따라서 교육적인 제재를 가하지 않는 한 선한 행동은 없고 악한 행동이 나타나게 된다고 보고 있다.

고대 중국의 순자(荀子)는 인간의 본성은 악하다고 보았고, 그렇기 때문에 인간의 본성을 그대로 따르면 악에 빠지게 된다고 하였다. 서양에 있어서 성악의 생각은 거의 지배적으로 내려온 사상적 전통이다. 서구사회에 있어서 기독교의 전통은 성악의 견해를 뒷받침한다. 인간이 선천적으로 악한 본성을 나타낸다는 생각은 아동을 양육, 교육할 때 엄격한 훈육을 강조하였고, 그렇게 함으로써 영혼이 구원을 받을 수 있다고 생각하였다.

성선설(性善說)은 인간의 본성을 선하게 보려는 입장이다. 맹자(孟子)는 인간은 본래 성인이나 범인이나 다 같이 그 성품이 선하니 각자가 성선을 토대로 하여 착한 행동을 해나가면 누구나 성인이 될 수 있다고 하였다. 서양에 있어서 18세기 중엽 루소(J. J. Rousseau)는 인간은 본래 악한 것이 아니라 선하다고 주장하였다. 루소는 「에밀」의 제1편 서론에서 "신은 인간을 선하게 창조하였다. 인간이 만물에 간섭하여 모든 것이 악하게 되어 버렸다"고 하였다.

백지설(白紙說)은 인간이란 출생 시에는 악이니 선이니 하는 선택적 본능이라는 것을 가지고 태어나지 않으며, 다만 후천적으로 만나게 되는 환경의 자극을 수동적으로 받아들일 수 있는 태세만 갖추고 있다는 입장이다. 서양에 있어서는 17세기 후반 영국의 철학자이며 심리학자였던 록커(J. Locke)가 1690년에 「인간이해에 관한 논문」을 발표하였는데 인간의 마음은 출생 당시에 타불라 라사(tabula rasa)와 같다고 주장하였다. '타불라 라사'는 아무것도 적혀 있지 않은 백지라는 뜻을 가지고 있다.

한편, 현대는 인간 본성에 대해 다른 관점을 제시하고 있다. 현대 심리학의 주요 학파인 행동주의 심리학, 정신분석학, 인본주의 심리학에서는 인간을 어떤 관점에서 정의하는지를 살펴보았다.

행동주의적 접근방법은 인간의 현재 행동은 어떤 선행조건에 의해서 결정되기 때문에 인간형성에 있어서는 환경적 결정론이 지배적인 작용을 한다고 본다. 기본적으로 개인의 의식세계는 믿을 수 없고 중요한 것은 표출된 행동뿐이라고 주장하였다.

프로이트(Sigmund Freud)의 이론으로 대변되는 정신분석학적 인간관은 인간의 심층적인 무의식의 세계를 중요시한다. 인간의 부적응 행동은 의식의 작용에 의하여 일어나는 것이 아니라, 무의식적 충동에 의해서 일어난다는 것이다. 따라서 인간행동의 이해는 인간의 심층적인 무의식의 세계를 통찰할 때 가능하다는 주장이다. 이 관점은 행동주의적 인간과 마찬가지로 현재의 인간행동의 원인을 과거에 두고 있으므로 양자가 모두 개인의 미래 의식현상과 자유의지를 무시하고 있다.

인본주의적 접근에서 인간은 능동적이고 자율적이며 자기성장을 추구하는 존재이다. 인간 스스로에 대해서 '나는 무엇인가?'라는 의문을 부단히 제기하는 존재이며, 진·선·미와 같은 보다 나은 것을 추구하는 끊임없는 마음의 움직임, 즉 가치의식이 항상 작용하는 특성을 가진다. 인간은 과거보다는 미래를 더 중요하게 생각하며, 인간의 현재 행동은 과거의 어떤 선행조건이 결정해 주기보다는 그가 지니고 있는 이성, 이념, 목적, 가치체계가 결정한다. 인간행동은 무의식이나 어떤 선행조건의 필연적인 산물이 아니라 개인의 자유의지가 작용하는 것이다.

2. 인간 발달에 대한 탐구

발달은 수정에서 죽음에 이르기까지 일생 동안 심신의 기능이나 구조가 양적으로 증대하고 질적으로 향상되어 가는 과정을 말한다. 종래에는 발달이란 용어가 좁은 의미로 사용되어 수태에서 아동기 내지 청년기에 이르는 상승적 변화만을 가리키는 것으로 사용돼 왔으나, 근래에는 넓은 의미로 사용되어 청년기 이후 노년기에 이르기까지의 하강적 변화까지도 포함하고 있다. 다시 말해 발달이란 수정에서 전 생애에 걸친 모든 변화를 의미한다.

발달은 순서적으로 오랜 기간을 통해 나타나는 변화로 개체가 가지고 태어나는 선천적인 여러 요인들, 즉 유전과 후천적 영향, 즉 환경과의 상호작용의 결과이다. 발달은 양적 증대로 일어나는 신체적 변화를 의미하는 성장과 기능의 변화를 의미하는 성숙을 모두 포함시킨다. 여기서 성장은 신체의 크기나 근육의 세기와 같은 신체적 변화 중에서도 양적 증가만을 의미하고, 성숙은 유전적 메커니즘에 의해 출현되는 신체적, 심리적 변화를 의미한다.

Hurlock은 발달영역을 크기의 변화, 비율의 변화, 새로운 특징의 획득, 낡은 특징의 소멸 등으로 나누고, 이들이 서로 작용해서 일어나는 과정을 발달이라고 하였다. Koffka는 발달에 대해 유기체와 그 기관이 양에 있어서 증대하고 구조에 있어서 정밀화하고 기능에 있어서 유능화 할 때 이것을 발달이라고 한다. Hollingworth는 발달은 양과 형의 변화 그리고 복잡한 구조의 변화를 말한다라고 정의내렸으며, Warren은 발달에 대해 개체가 발생해서 성숙으로 이행할 때 생기는 구조와 형태의 변화라고 했고, Crow도 발달은 환경의 영향 또는 학습에 의해 일어나는 변화라고 했다. Mcgraw는 유기체 내에 있는 힘과 환경 속에 있는 힘이 끊임없이 변전하고 교류한 결과에 의하여 산출되는 과정이라고 하였다.

발달의 원리는 다음과 같다.
첫째, 발달에는 일정한 순서가 있다.
둘째, 발달은 계속적인 과정이지만 발달의 속도는 일정하지 않다.
셋째, 발달은 성숙과 학습에 의존한다.
넷째, 발달에는 개인차가 있다.

다섯째, 발달의 각 측면은 상호관련성을 가진다.

　인간 발달과정에는 각 발달 단계마다 달성해야 할 과업이 있다. 그것을 발달과업이라고 하며, 그 과업의 성공적인 달성이 이루어져야 다음 단계에서 해야 할 과업을 훌륭하게 처리할 수 있다. 그러므로 각 발달단계별로 어떤 과업을 달성해야 하는가를 이해하는 일은 교육적으로 매우 중요하다. 다음은 헤비거스트(R. J. Havighurst)가 「발달과업과 교육」에서 각 단계별 발달과업을 다음과 같이 제시하였다.

1 영아기와 유아기의 발달과업

① 걸음걸이 배우기
② 고형 음식물 먹기
③ 말 배우기
④ 배설물 통제 익히기
⑤ 성차와 성적 성숙 학습
⑥ 생물적 안정성 유지 훈련
⑦ 사회적·물리적 환경에 대한 간단한 개념 형성
⑧ 자신을 부모, 동기 및 타인과 정서적으로 관련 맺기
⑨ 선악의 구별과 양심의 발달

2 아동기의 발달과업

① 일반적인 놀이에 필요한 신체적 기능 학습
② 성장하는 유기체로서 자신에 대한 건전한 태도 형성
③ 친구와 사귀기를 배움
④ 남성과 여성으로서의 사회적 역할 학습
⑤ 읽기, 쓰기, 셈하기의 기초기능의 발달과 학습
⑥ 일상생활에 필요한 개념의 발달과 구사
⑦ 양심, 도덕성, 가치관 발달
⑧ 인격적 독립의 성취

⑨ 사회집단·제도에 대한 태도의 발달

3 청년기의 발달과업

① 남녀 간에 새롭고 보다 성숙한 관계 형성

② 남성 또는 여성으로서 역할 학습

③ 자신의 체격을 인정하고 효과적으로 구사

④ 부모와 다른 성인으로부터 정서적 독립

⑤ 결혼과 가정생활 준비

⑥ 직장에 대한 대비

⑦ 경제적 독립의 확신

⑧ 시민적 자질로서 지적 기능과 개념의 발달

⑨ 행동의 지표로서 가치관과 윤리체계 습득

⑩ 사회적으로 책임 있는 행동을 원하고 수행

4 성년 초기의 발달과업

① 배우자 선택

② 결혼 후 배우자와의 동거 생활

③ 가정생활의 시작

④ 자녀의 양육

⑤ 가정의 관리

⑥ 직업의 선택

⑦ 시민적 책임을 감당

⑧ 마음에 드는 사회집단의 모색

5 중년기의 발달과업

① 성인으로서 시민적, 사회적 책임 수행

② 생활의 경제적 표준 설정 및 유지

③ 10대 청소년들이 책임감 있고 행복한 성인이 되도록 도와줌

④ 성인에 필요한 여가 활동

⑤ 배우자와 인격적인 관계 맺기

⑥ 중년기의 생리적 변화를 인정하고 이에 적응하는 일

⑦ 연로한 부모에 대한 적응

6 노년기의 발달과업

① 체력감소와 건강에 적응하는 일

② 은퇴와 수입 감소에 적응하는 일

③ 배우자의 사망에 적응하는 일

④ 동년배와 친밀한 관계 맺기

⑤ 사회적·공민적 책임의 이행

⑥ 만족스런 생활조건의 구비

Maslow는 인간의 행동을 일으키는 욕구에는 단계가 있고, 인간의 행동은 계층적으로 이루어진 다섯 가지 욕구를 충족하기 위해 발동한다고 피라미드 모형으로 설명하였다. 이를 욕구계층이론(need hierarchy theory)이라고 일컫는데, 욕구계층이론은 다음과 같은 전제를 바탕으로 한다.

- 인간은 항상 무엇인가를 필요로 하는 존재다. 즉 충족되지 못한 어떤 욕구를 충족시키기 위해서 동기가 유발된다.
- 인간의 욕구는 다섯 가지가 계층을 이룬다.
- 일단 충족된 욕구는 약해져 동기유발 요인으로 작용하지 않고, 그 다음의 욕구가 지배적인 동기요인으로 부각한다.
- 인간은 궁극적으로 자아를 실현하려는 존재다.

생리적 욕구(physiological needs)는 인간의 삶 그 자체를 유지하기 위해 필요한 기초적인 욕구로, 숨쉬기·음식·수면 등 생리적 균형을 유지하는 데 관련된 기본적 욕구다. 배고픈 아이는 학교에 가더라도 공부에는 흥미를 기울이기 힘든 것이 예다. 안전의 욕구(safety needs)는 사람들이 신체적 위험과 위협으로부터의 보호, 불안과 공포로부터의 심리 정서적인 안정, 혼돈과 무질서로부터의 해방 등을 추구하는 것을 말한다. 사회적 욕구(social needs)는 인간은 사회적 존재이기 때문에 대인관계를 통해 친교와 우정을 나누고 집단이나 조직에 소속되기를 원하는 욕구를 갖고 있다. 학생들이 학교에 가는 이유도 지식만을 추구하는 것이 아니라 친구들과 사귀고 어울리려는 욕구가 있기 때문이다. 존경의 욕구(esteem needs)는 인간은 자존심을 유지하고 타인으로부터 인정이나 존경을 얻고 싶은 욕구를 갖고 있다. 존경의 욕구는 타인으로부터의 존경(인정, 명예, 지위 등)과 자기존중(자기 가치감, 자기 효능감 등)로 구분된다. 자아실현의 욕구(self-actualization needs)는 자신의 잠재능력을 최대로 발휘하여 자기완성을 이루려는 욕구다. 이는 가장 높은 단계로서 모든 단계의 욕구가 충족되어야 이루어질 수 있다.

욕구계층이론은 인간의 욕구를 체계적으로 설명해 주고 있지만, 다음과 같은 비판점이 제기되고 있다.

첫째, 일반적으로 인간의 욕구가 하급의 욕구로부터 상급의 욕구로 이행하면서 순차적으로 나타나기는 하지만 욕구의 '순차적 계층성'이 항상 고정적인 것은 아니다. 어떤 사람은 생리적 욕구나 안전의 욕구가 충족되지 않은 가운데에서도 자아실현을 위한 활동에 에너지를 쏟기도 한다.

둘째, 인간의 행동은 여러 욕구요인이 상호 복합적으로 작용하여 행동을 결정하기도 한다. 교사들이 방학 중에도 자발적으로 연수를 받는 이유는 자신을 계발하기 위한 자아실현의 욕구와 함께 승진(존경의 욕구)을 위한 욕구를 충족하기 위한 노력일 수 있다.

셋째, 인간의 욕구단계를 고정적인 것으로 파악하였다는 한계가 있다. 욕구요인의 상대적 중요성은 사람에 따라 다를 뿐 아니라, 개인적으로도 상황에 따라 상대적인 선호(강도)가 다르다.

넷째, 인간의 자율욕구를 강조하지 않은 한계가 있다. 인간은 어떤 행동을 하는 과정에서 전문적인 판단기준과 자신의 양심에 비추어 자유롭고 능동적으로 행동을 할 수 있다.

제2장

인간에 대한 사색 둘

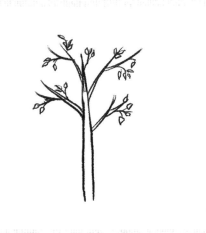

인간에 대한 사색 둘

1. 4차 산업혁명 시대

제3차 산업혁명과 맞물려 논의되기도 하는 4차 산업혁명은 여러 방면에서 다양하게 정의되고 있다. 세계경제포럼(World Economic Forum, VEE)에 의하면, 4차 산업혁명이란 '사물인터넷(IoT), 로봇, 인공지능(AI), 빅데이터 등의 기술이 나노기술(NT), 바이오기술(BT), 정보기술(IT), 인지과학(CS)의 융합기술로 발전하고, 이로 인한 지능형 사이버 물리 시스템(cuber ohusical system)이 생산을 주도하는 사회구조로의 대변혁'을 말한다(WEF, 2016).

시사경제용어사전에서는 4차 산업혁명을 '물리 세계, 디지털 세계, 그리고 생물 세계가 융합되어 경제와 사회의 모든 영역에 영향을 주는 새로운 산업시대'라고 정의하고 있다(기획재정부, 2019). 그리하여 사물인터넷(IoT), 로봇공학, 가상현실(VR) 및 인공지능(AI)과 같은 혁신적인 기술이 우리가 살고 일하는 방식을 변화시키게 되었다. 또한 한국정보통신기술협회는 4차 산업혁명을 '인공지능, 사물인터넷, 빅데이터, 모바일 등 첨단 정보 통신기술이 경제 사회 전반에 융합되어 혁신적인 변화가 나타나는 차세대 산업혁명'으로 정의하고 있다(한국정보통신기술협회, 2019).

AI는 과학과 공학의 최첨단 핵심기술 분야 중 하나로서 학습과 인지와 같은 일반적인 분야에서부터 개인비서, 체스, 쓰기, 자율주행 자동차, 질병 진단, 법률 서비스 등과 같은 구체적인 업종에 이르기까지 다양한 분야에 널리 적용되고 있다. AI는 거의 모든 지적 과제와 연관을 맺고 있어서 현재 다양한 분야에서 널리 응용되는 기술로 인식되고 있다(Russell & Norvig, 2010).

일반적으로 인간지능에 대한 정의가 다양한 것과 마찬가지로 AI도 다양하게 정의되고 있다. 옥스퍼드 영어사전에 따르면 AI는 지능적인 행동을 보이거나 흉내 낼 수 있는 컴퓨터 또는 다른 기계들의 능력이라고 한다. 또한 컴퓨터 과학 사전에는 AI를 인간의 지능이 요구되는 업무를 대신 수행하는 컴퓨터 프로그램을 만드는 것과 관련된 학문이라고 한다. AI에서 다루는 과제의 예시로는 게임 놀이, 자동 추리, 기계학습, 자연어 이해, 언어이해, 정리 증명 등이 있다.

웹스터 사전에 나오는 AI에 대한 대표적인 정의는 크게 네 가지로 구분된다(Kok et al., 2009). 첫째, 컴퓨터 과학 분야의 연구영역으로서 AI는 학습, 추리, 자기 교정 등과 같이 인간과 유사한 사고 과정에 참여할 수 있는 컴퓨터 발달과 관련이 있다. 둘째, 학습, 적응, 자기교정 등과 같이 인간지능처럼 정상적으로 사고하는 몇 가지 능력을 가지고 있다는 가정하에 기계가 개선할 수 있다는 개념이다. 셋째, 마치 과거에 기계적 도구를 사용하여 물리적 힘을 확대하는 것처럼, 컴퓨터를 활용하여 인간지능을 확대할 수 있는 개념이다. 넷째, 제한된 의미에서 프로그램 기법의 발달로 컴퓨터를 더 효과적으로 사용하기 위한 기법을 연구하는 개념이다.

한편 농업혁명, 1·2차 산업혁명, 3차 산업혁명, 4차 산업혁명의 흐름과 특징 및 각 시대에서 추구해온 인재상을 정리하면 다음의 <표 2-1>과 같다.

표 2-1 농업·산업혁명의 흐름과 인재상의 특징

혁명	시기	핵심기술	특징	인재상
농업혁명	BC12000	정착 농업	인구증가, 도시의 출현	육체노동형 인재
1차 산업혁명	1784	증기기관	기계화	규율화된 인재
2차 산업혁명	1870	전기기관	노동의 분화, 대량생산	
3차 산업혁명	1969	정보통신	자동화	지식역량형 인재
4차 산업혁명	2016년 이후	사이버물리시스템 인공지능	노동의 종말	자기주도적 창의 인재

4차 산업혁명과 AI 시대에서 주요 선진국들은 미래사회에 적합한 인재상을 경쟁적으로 제시하고 있다. 이처럼 미래 세대를 위한 국가와 사회의 인재상은 국가 생존의 문제로 인식하기 시작하였다. 일반적으로 인재상은 특정 조직에 어울리는 인재의 모습 또는 인재로서 갖추어야 할 모습으로 정의된다. 또한 인재상을 변화하는 미래사회 모습을 예측하고 변화하는 사회에서 요구되는 다양한 기술, 자질, 성품 등을 갖춘, 즉 특별한 상황과 시대가 요구하는 역량을 갖춘 인간의 모습으로 규정한다(이경호, 2019).

이러한 미래사회가 요구하는 인재상과 더불어 인재들이 갖추어야 할 핵심역량에 관한 논의가 활발히 진행되고 있다. 그래서 인재상과 핵심역량이 직결되어 논의되고 있다는 사실을 알 수 있다. 한 사회나 국가에서 요구되는 인재의 바람직한 모습을 그리는 것이 인재상이고, 개별 인재가 삶의 다양한 영역에서 반드시 갖추어야 할 필수적인 지식, 태도, 스킬 등이 바로 핵심역량일 것이다. 이러한 핵심역량의 중요성에 대한 관심은 세계적인 연구기관을 비롯하여 정부, 기업, 그리고 학자들까지 널리 확산되고 있다.

인재상에 관한 문제는 결국 한 개인의 차원과 조직의 구성원의 한 사람으로서 살아가는 사회적 차원에서 논의된다. 개인적 차원에서 보면 인간으로서의 가치를 지닌 인간만이 가질 수 있는 고차적인 사고력, 더불어 살아가는 데 필요한 사회정서적 능력과 공감능력을 갖춘 사람이 되어야 한다. 개인의 입장에서 보면, 스스로 행복하고 만족하는 삶을 살아갈 수 있는 능력을 갖추어야 한다. 한 사람의 개인의 가치가 사회구성원으로서의 가치로 발전될 수 있어야 한다. 개인은 혼자서 살 수 없기 때문에 다른 사람과 원만하게 소통할 수 있는 의사소통능력과 함께 살아갈 수 있는 협업 능력을 길러주어야 한다.

2. 새로운 인재의 모습

인재상은 시대에 따라 변하기 마련이다. 어떤 조직이나 기업에서는 무엇보다 우수한 인재를 채용하는 것이 중요하다. 1980년대 이전의 기업들은 혼자서 여러 업무를 수행할 수 있는 넓은 지식을 소유한 팔방미인형 인재(제너럴리스트)를 선호했다. 1980년대 중반에는 특정한 분야에 전문적인 지식을 갖춘 전문가형 1자형 인재(스페셜리스트)를 요구했다. 1990년대 말 IT 붐(Boom)과 함께 기업 간, 업종 간 경계가 모호해졌고, 이에 따라 특정 분야의 전문성을 기반으로 동시에 넓은 시야를 가진, Specialist와 Generalist의 합성 개념인 소위 T자형 인재를 선호하기 시작했다. 최근에는 T자형 인재 외에도 A자형 인재, M자형 인재, V자형 인재, 융합형 인재 등으로 표현되기도 한다.

1 T자형 인재

과거에는 특정한 분야에 전문적인 지식을 갖춘 I자형 인재가 선호되었지만, 최근에 T자형 인재에 대한 선호도가 높다. 어떤 조직에서 모든 구성원이 T자형 인재가 될 수는 없다. 이보다 부족한 직원도 있고 이보다. 훨씬 뛰어난 직원이 있을 수 있다. T자형 인재는 여러 분야의 기본지식과 문제해결능력을 가지고 있으면서 특정한 분야의 전문지식과 능력을 가진 인재를 말한다. T자형 인재는 IBM의 짐 스포러(Jim Spohrer)가 지식의 폭이 넓고 깊은 사람을 표현하기 위해 T자형 인간(T−shaped person)이라는 용어를 만들었다고 한다(Holmes, et al., 2019). 또한 일본의 도요타(Toyota)에서 추구하는 기업의 인재상을 표현하기 위해 회사명의 T자를 따서 사용했다고 한다. 사실 다양한 영역에서 역량을 가지면서 자신의 전문분야에서 스페셜리스트가 되는 것이 쉽지 않다. 하지만 뛰어난 인재는 T자형에서 A자형, M자형 인재로 성장하기 위해 더욱더 많은 노력을 집중할 것이다.

2 A자형 인재

A자형 인재는 전문성을 가지고 인성을 바탕으로 팀워크 능력까지 겸비한 인재를 말한다. A자는 사람 인(人)에 가교(−)를 연결하는 협력의 의미를 담고 있다. 먼저, 전문성을 갖추어야 한다. 전문성은 열정을 가지고 자기개발에 노력하는 사람에게는 충분히 가능할 것이다. 다음으로 인성을 갖추어야 한다. 인성은 하루아침에 이루어질 수 없다. 가정교육에서부터 출발하여 학교교육과 대학의 교육과정을 통해서 장기적으로 형성된다. 마지막으로 팀워크 능력이 요구된다. 어떤 조직에서 여러 가지 프로젝트 업무를 수행하는 경우가 증가할수록 팀워크 또는 협업 능력은 더욱더 요구된다. 따라서 전문성과 인성과 팀워크를 갖춘 A자형 인재는 디지털 사회에서 요구되는 인재임에 틀림없다.

3 M자형 인재

직업 세계가 빠른 속도로 변하기 때문에 T자형 인재로서는 감당하기 어려운 상황이 전개되고 있다. 그래서 평생 몇 개의 영역이나 분야에서 전문성을 갖추어야 하는 M자형 인재가 요구된다. 이는 다른 말로 표현하면 멀티플레이어형 인재이다. M자형 인재는 여러 분야에서 다양한 역할 수행이 가능한 인재를 말한다. 특히 스포츠 분야에서 자주 사용된다. 야구 선수 추신수는 멀티플레이어형 선수였다. 공격 관점에서 보면, 홈런, 장타(3루타, 2루타), 단타(1루타), 스퀴즈 번트 등 다양한 능력을 가졌다. 수비 측면에서 보면, 우익수, 좌익수, 중견수 등 다양한 포지션을 소화할 수 있다. 감독 입장에서 본다면 경기 중에 승리를 위한 다양한 작전을 펴기에 필요한 우수한 선수임에 틀림없다.

4 V자형 인재

최근에 들어와서 M자형 인재와 더불어 V자형 인재가 요구되고 있다. V자형 인재는 특정한 전문분야는 물론 그 주변 분야까지 넓혀 깊은 지식을 보유한 인재를 말한다. 과거에 문제해결을 위해 다른 분야의 아이디어를 빌려 쓰던 수준에서 전문 분야와 주변 분야, 주전공과 부전공, 복수분야의 전문성을 갖춘 인재를 선호하고 있다. 그러나 이처럼 부족한 것이 없어 보이는 M자형과 V자형 인재들도 자신의 전공 분야 혹은 기존의 틀을 넘어서지 못하는 한계를 지니고 있어 새로운 융합형 인재가 요구되고 있다.

5 융합형 인재

요즘 가장 각광 받는 인재 유형은 융합형 인재이다. 융합형 인재는 인문학, 공학, 문제해결능력, 신기술에 대한 이해능력, 외국어 구사능력, 그리고 창의성 등을 갖춘 인재를 말한다. 이는 T자형 인재, A자형 인재, M자형 인재, V자형 인재 등의 장점을 혼합한 유형이다. 애플의 스티브 잡스나, 페이스북의 저커버그처럼, 주변 지식으로의 확대가 아닌 학문의 경계를 뛰어넘는, 인문학적 소양을 가지고 이공학 분야의 창조적인 문제해결이 가능한 인재의 시기이다.

앞으로 우리 사회는 어떤 인재를 필요로 할까? 어떠한 인재가 더 조직 발전, 기업 발전에 맞을 것인가? 사회변화의 속도가 빠르고 트렌드 변화가 다양한 상황 속에서 유능한 인재상도 변화하게 된다. 우리 사회는 스타트업 기업을 비롯하여 중소기업, 중견기업, 대기업의 상황에 따라서, 직무에 따라서 더 다양한 인재상을 필요로 할 것이다.

읽고 생각해 보세요
[출처: 유시주(역)(2000). 선생님. 푸른나무]

"똑같은 것보다 다 다른 것이 좋아"

찌는 듯 무더운 9월의 아침이었다. 나는 새로 전학 간 학교의 3학년 교실에 들어가 내 소개를 했다. 얼마 전만 해도 나는 미시간에 있는 우리 집 뒷마당에서 가장 친한 친구 둘과 놀고 있었는데. 나는 제니와 팜이 있는 그곳으로 다시 돌아가고만 싶었다.

아버지는 나와 내 동생을 앉혀 두고 필라델피아에 좋은 직장을 얻었다며, 개학하기 전에 그곳으로 이사를 가야 한다고 설명했다. 처음에는 신이 났다. 그러나 친한 친구들과 더 이상 같이 놀지 못하게 된다는 사실을 깨닫고는 나는 곧 시무룩해졌다. 까마득히 멀리 떨어져 있다는 것만 알았을 뿐, 나는 필라델피아가 어디에 붙어 있는지도 몰랐다.

개학하는 날 아침, 엄마는 나를 데리고 한 블록 반이나 걸어서 학교에 갔다. 내게 길을 가르쳐 주기 위해서였다. 그러고는 내 뺨에 입을 맞춰 주면서 행운을 빈다고 말했다. 나는 교실 문 앞에 서서 안을 둘러보았다. 그리고 거기서 뜻밖의 모습을 보았다. 담임선생님인 듯한 틸만 선생님은 키가 크고 나이가 지긋했다. 그런데 선생님의 왼쪽 팔이 없는 것이 아닌가. 얇은 긴 소매 블라우스의 왼쪽 소매는 선생님의 허리에 있는 가느다란 벨트에 단단히 고정되어 있었다. 선생님은 교실로 들어서는 아이들과 인사를 나누고 있었다. 문간에 서 있던 나는 마치 얼어붙은 듯 발이 떨어지지 않았다. 움직여야 한다고 생각했지만 어디로 발걸음을 옮겨야 할지 몰랐다. 그냥 집으로 돌아가고만 싶었다.

"내 이름은 틸만이란다. 네 이름은 뭐니, 꼬마 숙녀야?"

선생님은 내게 말을 걸며 나를 향해 걸어오기 시작했다. 나는 숨이 막혀 침을 몇 번이나 삼켜야 했다.

"로라……. 제 이름은 로라…… 헤이즈예요."

그러자 내가 걱정했던 순간이 닥쳤다.

"우리 반에 새로 들어오는 학생이구나. 그렇지?"

선생님은 이렇게 물으면서 덧붙였다.

"어서 이리 오렴. 그리고 팀 옆에 앉거라."

선생님은 오른손으로 내 의자를 끌어당기더니 내게 앉으라는 시늉을 했다. 그렇게 하기 위해서 나를 향해 허리를 숙이는 바람에 선생님의 빈 옷소매가 내 얼굴을 스쳤다. 그때 얇은 옷감 속으로 절단된 팔 부분이 내비쳤다. 순간, 나는 무서웠다. 그나마 뒷줄에 앉게 된 게 다행이었다. 멀리서만 봐도 무서운데 앞자리였으면 얼마나 무서웠을까. 그리고 나는 선생님이 내게 가까이 오지 말았으면 하고 빌었다.

나는 숨이 막힐 것처럼 무더운 공기를 느끼면서, 교실을 가득 메우고 있는 낯선 아이들을 둘러보았다. 털만 선생님은 책과 종이, 크레용, 연필, 풀 같은 수업 준비물을 나누어 주셨다. 그리고 학급의 규칙을 설명하고, 식당을 이용할 때나 화재 대피 훈련 때 어떻게 행동해야 하는지를 가르쳐 주셨다. 지루한 시간이 지나고 드디어 쉬는 시간이 되었다.

쉬는 시간도 끔찍했다. 운동장에서는 아무도 나와 놀려고 하지 않았다. 나는 수줍음을 많이 탔고, 게다가 아이들에게는 모두 작년부터 사귀어 온 친구들이 있었다. 나는 그네에 혼자 앉아서 노는 편을 택했다. 아무도 말을 걸지 않았고, 아무도 나와 놀려고 하지 않았기 때문에 나는 정말 외로웠다. 나는 팜과 제니가 그리웠다. 그 친구들과 함께 있었다면 이렇게 외롭지는 않을 텐데.

쉬는 시간이 끝나고 우리가 교실로 돌아오자 털만 선생님은 개학을 하면 어디서나 내주는 과제물을 주었다. 바로 "여름방학 때 있었던 일"에 대해서 수필을 쓰라는 것이었다. 나는 연필을 잡고 수필을 쓰기 시작했다. 글쓰기는 내가 가장 자신 있어 하고 좋아하는 일이었다, 나는 지난 몇 주 동안 내가 겪은 마음고생을 정성 들여 종이 위에 옮겼다.

우리들의 책상은 3개씩 서로 마주 보게 해서 모두 6개의 책상이 한 단위로 배치되어 있었다. 그래서 나는 다 쓴 글을 모을 때 다른 아이들은 모두 필기체로 글을 썼다는 것을 알 수 있었다. "어떻게 해!" 나는 속으로 외쳤다. 나만 혼자 활자체로 썼던 것이다. 책상 배열 때문에 다른 아이들도 모두 내가 전학 온 신참일 뿐만 아니라, 자기들과 '다르다'는 것을 알게 될 판이었다. 나만 인쇄체로 글을 썼지 않은가 말이다. 이제 모두들 새로 전학 온 아이가 글씨도 제대로 쓸 줄 모른다는 것을 알게 되겠지! 앞으로 친구들은 다 사귀었구나. 선생님이 이걸 보시면 뭐라고 말씀하실까.

털만 선생님은 우리들을 데리고 그날의 나머지 수업까지를 모두 진행하셨다. 그동안, 더이상 헐렁한 옷소매만 쳐다보지 않을 정도로 나도 선생님의 별스러운 외모에 익숙해졌다, 나는 선생님의 고운 목소리와 독특한 얼굴 표정, 선생님이 하시는 말씀은 무엇이든 간에 매우 매혹적으로 들렸다.

며칠이 지나면서 나는 어렵사리 친구들을 몇 사귀었고, 새 학교에도 처음보다는 그럭저럭 마음을 붙일 수 있었다. 그런데 금요일이 되자 선생님이 점수를 매겨서 글을 되돌려 주셨다. 아이들은 점수를 보고는 기뻐서 재잘거렸다, 나는 내 글을 받아들고 숨을 죽였다. 그 위에는 "수업이 끝난 뒤에 잠깐 보자."는 선생님의 특별한 전달 사항이 빨간 글씨로 적혀 있었다. 나는 심장이 멎는 것 같았다. 땅이라도 꺼져서 나를 삼켜버렸으면 하고 빌었다. 방과 후에 학교에 남으라니……. 내가 겁을 집어먹은 것은 말할 필요도 없었다. 필기체를 못 쓴다고 야단을 치려는 것일까?

아이들이 다 돌아가고 교실이 텅 비자, 나는 틸만 선생님을 쳐다보았다.

"로라, 이리 오너라."

나는 선생님께 가고 싶지 않았다. 그러나 가야만 한다는 것도 알고 있었다. 할 수 없이 나는 선생님 책상 쪽으로 걸어갔다. 선생님은 말씀하셨다.

"나는 네가 다른 아이들과는 다르다는 것을 알았다. 넌 좀 다르구나."

나는 속으로 '난 다르고 싶지 않아요. 다른 아이들과 똑같고 싶어요.'라고 외쳤다. 내가 미처 선생님의 말뜻을 알아듣기 전에, 선생님은 말을 이었다.

"너는 다른 아이들과는 달리 글을 쓰는 데 재능이 있구나. 나는 네 글을 보고 글쓰기 연습을 한 경험이 있다는 걸 알았단다. 그래서 하는 말인데, 이젠 진짜 작가들처럼 글씨를 멋있게 쓰는 법을 배우면 좋겠어. 너한테 줄 게 있단다."

선생님은 습자책을 건네주시며 내가 글자를 쓸 때 오른손을 사용하는지를 물었다.

"근데, 넌 어느 쪽 손으로 쓰니?"

나는 놀라서 더듬거렸다.

"저, 음, 저, 왼손으로요, 선생님."

틸만 선생님은 보조개를 보이면서 웃었다. 그리고는 자신의 왼팔을 내려다보았다.

"그래? 그렇다면 글씨를 가르치는 데는 내가 좋은 선생님이 되지 못할 것 같구나. 주말에 널 도와줄 사람이 누구 있니?"

나는 마음이 조금 놓여 밝게 대답했다.

"엄마에게 부탁하면 돼요. 엄마는 글씨를 참 잘 쓰시거든요."

"그러면 네 엄마가 선생님이 되면 되겠구나. 이 책을 가져가서 연습을 해보고 월요일에 다시 가져오너라. 얼마나 잘 썼는지 보게. 참, 아주 솔직했기 때문에 네 점수는 A⁺다."

나는 얼른 "네, 선생님."하고는 "고맙습니다."하고 덧붙였다. 나는 사실 솔직하다는 말이 무슨 뜻인지 몰랐다. 그러나 어쨌든 A⁺라니 기뻤다. 나는 책을 받아들고 책가방을 싸기 시작했다. 내가 교실에서 나갈 준비를 거의 마쳤을 때, 선생님이 내 자리로 걸어왔다. 선생님은 내 책상 건너편에 앉더니 부드럽고 낭랑한 목소리로 내게 말했다.

"너도 알다시피 나는 좀 다르게 생겼지? 사람들은 내가 어떤 사람인지 알려고 하기 전에 먼저 내 없어진 팔부터 보지. 팔을 잃어버린 사고 때문에 내 인생이 한순간에 바뀌어 버렸단다. 영원히 말이야. 내가, 최선을 다해 최고로 훌륭한 선생님이 되겠다고 결심한 것도 그때였단다. 이 세상을 더 좋은 세상으로 만들기 위해서지."

선생님은 일어나 나를 문간으로 데려다주시면서 이렇게 말을 이었다. "우리들 모두는 서로 조금씩 다르단다. 그리고 또 어떤 사람들은 눈에 띄게 다르지. 로라야, 너 역시 조금 다르지? 그러나 다르다는 것에 늘 나쁜 것만은 아니야. 너는 특별한 재능을 마음껏 펼쳐라. 마음껏 말이야."

그해의 학교생활은 너무나도 빨리 흘러갔다. 나는 자신감을 갖고 나 자신을 긍정적으로 받아들이기 시작했다. 나는 글쓰기를 배우면서 마침내 수줍음도 이겨냈다. 틸만 선생님 덕분에 나는 완전히 다른 사람이 되었다. 선생님은 이제껏 내가 배운 것 중에서 가장 소중한 가르침을 주셨던 것이다.

사람들의 다른 점을 존중해라. 너를 독특하게 만들어 주는 것을 자랑스럽게 여겨라. 그리고 너의 재능을 남을 위해 써라. 그 가르침을 지키며 살아간다면, 절대로 잘못되는 일이란 없을 것이다.

제3장

자아실현인과 메타인지

자아실현인과 메타인지

1. 자아실현인

　자기 자신에 대해 고민하고 각종 심리검사를 받아보면 내가 어떤 사람인지(성격), 무엇을 잘할 수 있는지(적성), 무엇을 하고 싶은지(흥미)에 대해 보다 객관적으로 알 수 있을 것이다. 그렇다고 해서 내가 어떤 사람인지 정확히 파악할 수 있거나 내 진로가 확정되는 것은 아니다. 자기 자신을 잘 안다는 것은 출발점이지 도착점이 아니기 때문이다.

　이제 우리가 고민해야 할 질문은 '어디로 달려갈 것인가?'이다. 이는 목표와 관련되는 것이다. 인간은 자신의 목표가 없어도 열심히 생활할 수 있다. 그런 경우는 단지 다른 사람보다 앞서기 위해 노력하는 것일 뿐, 어디로 가야 하는지, 가고 있는지를 모르고 무작정 길을 걷고 있는 것과 비슷하다.

　이솝우화의 토끼와 거북을 생각해 보자. 토끼와 거북의 경주에서 거북이가 이겼다. 거북이는 왜 경주에서 이겼을까요? 빠르게 달리는 토끼가 진 이유는 무엇일까요? 토끼는 경주를 하다가 왜 잠을 잤을까요? 토끼는 왜 자만했을까요? 토끼가 경주에서 진 이유는 목표설정과 관계있다고 볼 수 있다. 거북이는 목표지점에 도달하는 것을 생각해서 꾸준히 달렸고, 토끼는 거북이라는 경쟁 상대만 보았다. 토끼는 경쟁자인 거북이의 경주 속도에 따라 자신의 계획과 행동을 수정한 것이다.

　사전적 정의에 의하면, 자아실현(self-actualization, self-realization)은 개인이 지

니고 있는 소질과 역량을 스스로 찾아내어 그것을 충분히 발휘하고 개발하여 자기가 목적한 이상(理想)을 실현하는 것이다. 자아실현은 하나의 가능성으로 잠재되어 있던 자아의 본질이 실현되는 것이다.

자아실현에 대한 정의는 철학적 · 사회학적 · 심리학적 · 신학적 관점에서 제각기 다르다. 아리스토텔레스는 목적적 존재로서 인간이 자신의 잠재력과 가능성을 최대한 유감없이 발휘하는 것을 자아실현으로 보았고, 브라멜드(T. Brameld)는 문화의 전승과 창조에 참여함으로써 자아실현을 할 수 있다고 하였으며, 미국의 심리학자 매슬로(A.H. Maslow)는 그의 욕구단계 이론을 통해 모든 욕구가 충족된 후에 마지막으로 가지는 욕구가 자아실현의 욕구라 하였다. 영국의 철학자 그린(T.H. Green)은 신학적 관점에서 인간이 신의 성품과 같은 최고의 선(善)의 상태를 실현하는 것이 자아실현이라 주장하였다.

이처럼 자아실현에 대한 정의는 어떤 관점에서 보느냐에 따라 다를 수 있을 것이다. 그러나 각자가 자신이 바라는 이상적 가치를 발견하고, 그 가치를 자신의 삶의 과정에서 어떻게 올바른 방법으로 실현할 것인가를 생각하면서 살아가는 것은 자아실현의 과정이라 하겠다.

2. 메타인지

메타인지(metacognition)는 상위인지 또는 초인지라고 하는 것으로, 자신의 인지적 활동에 대한 지식과 조절을 의미하는 것으로 내가 무엇을 알고 모르는지에 대해 아는 것에서부터 자신이 모르는 부분을 보완하기 위한 계획과 그 계획의 실행과정을 평가하는 것에 이르는 전반을 의미한다. 상위인지는 자신의 인지과정에 대해 관찰 · 발견 · 통제 · 판단하는 정신작용으로 '인식에 대한 인식', '생각에 대한 생각'을 의미하기도 한다. 메타인지능력을 증가하기 위한 다양한 방법을 살펴보고자 한다.

1 과제의 중요도를 판단하기

학교, 직장 생활 또는 일상생활 장면이든 매일 많은 과제를 회상할 필요가 있다. 이런 상황에서 모든 사소한 일까지 기억을 하려고 하면 정신적 에너지와 시간을 낭

비할 수 있다. 반드시 해야 할 중요한 과제와 덜 중요한 일을 구분한 후 중요한 일을 먼저 하려고 해야 한다. 당신의 정신이 적절한 시간에 수행해야 하는 중요한 과제에 재빨리 몰입되게 하는 환경을 조성한다. 당신이 과제를 수행하기를 기대하는 바로 그 동일 순간에 정확한 환경에서 각 과제를 수행하는 당신 자신을 상상하라－ 그러나 "가외의 것들"을 생략하라.

2 기억할 시간과 장소를 정하기

다음 진술문 (a)와 (b) 중에서 어느 것이 기억하기에 더 쉬울 것이라고 생각하는가? '(a) 이 약을 매일 한 번씩 먹어라', '(b) 이 약을 매 식사 후 먹어라'. 식사는 약 먹기를 생각나게 하는 것이기 때문에 정답은 (b)이다. 명확한 시간과 장소를 정하지 않는 것은 당신으로 하여금 해야할 일을 망각하게 할 수 있다. 따라서 당신이 과제를 수행해야 할 때와 장소를 정확히 안다면 시간과 장소의 요인은 당신이 기억하는 데 도움이 될 것이다. 과제를 시작할 명확한 시간과 장소를 정해야 한다.

3 물건을 둔 장소를 기억하기

당신이 어떤 장소에 물건을 놓을 때 혼잣말을 하는 것은 도움이 될 수 있다. 물건을 특정 장소에 두고 그 사실을 말로 표현하는 것이다. 또는 이유를 덧붙이는 것은 도움이 될 것이다. 예컨대, "나는 지갑을 책상 위에 놓았는데, 책상은 가방을 둔 장소 가까이 있기 때문이다"라고 소리를 내서 말하는 것이다.

당신 자신의 어떤 동작은 기억하는 데 도움이 될 것이다. 당신이 어떤 것을 특정 장소에 둘 때 어떤 동작을 하거나 물건을 가볍게 치라. 예를 들면, 어떤 것을 서랍에 둔다면 서랍을 닫기 전에 서랍을 가볍게 두드린다. 혼자 있다면 당신은 걱정할 것이 없다. 반면에 어떤 사람과 함께 있다면 당신은 손등으로 서랍을 닫거나 또는 우편물이나 책을 세게 내던지는 대신에 가볍게 치면서 테이블에 둘 수 있다. 나중에, 물건을 둔 장소를 기억하고자 할 때 이러한 동작은 그 장소를 회상할 수 있도록 도울 것이다.

4 집중력의 습관 들이기; 정신적으로 깨어 있기

백일몽은 습득된 습관이다. 우리는 아주 어렸을 때 이 습관을 습득하였을지 모른다. 만일 장난감을 사달라는 우리의 요구에 부모님이 안된다고 말하였다면, 우리의 정신은 현실 세계를 떠나서 사고 싶은 그 장난감을 가지고 노는 우리 자신을 상상하였을지 모른다. 우리의 생각이 이처럼 현실을 잠시 떠나서 백일몽을 꾸는 것은 우리에게 정신적 이완을 가져다줌을 학습하였으며, 나이가 많아져도 계속 비현실적인 세계로 빠져드는 것이다. 불쾌하거나 또는 너무 어려운 과제 또는 장면을 접하게 될 때마다 우리의 정신은 이 비현실적인 세계로 도피할 수 있다.

어떤 바람직하지 않은 습관도 바람직한 습관으로 대체함으로써 깨뜨려질 수 있다. 당신은 부주의의 습관을 주의를 기울이는 습관으로 대체할 수 있다. 바꾸어 말하면, 당신은 단지 정신적으로 "깨어 있음(with it)"이 되는 습관을 습득할 것이다. 당신이 집중력을 긴 시간 동안 발휘하는 것에 익숙해질 때까지, 마치 어떤 기능이나 기술을 습득하는 것과 마찬가지로 가능할 때마다 집중하는 연습과 노력이 필요하다. 어떤 기술과 기능이든 당신이 더 많이 연습할수록 더 숙달될 것이다.

만일 당신이 테니스 초보자라면 당신은 빠르고도 정확하게 공을 즉시 치지 못한다. 서브하든 되받아치든 처음에는 잘 안될 것이다. 점진적으로, 당신이 유능한 테니스 선수가 될 때까지 당신의 연습은 계속되어야 한다. 만일 주의를 기울이는 데 익숙하지 않다면 당신은 갑자기 집중력의 습관을 습득할 수 없다. 당신은 단계적으로 그렇게 해야 한다. 당신의 주의를 기울이기 쉬운 것, 당신이 관심 있고 재미있는 것에 집중하는 것부터 시작하라.

집중력의 습관을 개발하려는 당신의 시도의 어떤 시점에서 당신은 대화의 기술을 포함 시켜야 한다. 집중하여 대화하기는 쉽지 않다. 당신은 당신의 모든 주의 ─ 다른 사람이 말해야 하는 것에 귀를 기울이기 ─ 를 주고 있음을 확신해야 한다. 당신이 말하고 있을 때, 당신이 하는 모든 진술 또는 당신이 묻는 모든 물음은 논의되고 있는 주제와 관련되어야 하며 정신이 산만해지지 않아야 한다.

여기에 전형적인 장면이 있다. 당신의 친구는 당신에게 어떤 이야기를 열심히 하고 있다. 어느 순간 당신은 친구의 말에 귀를 기울이고 있지 않았음을 깨닫게 된다. 당신의 정신은 헤매고 있다. 당신의 친구는 그것을 알아차리고 기분이 상할 것이다. 헤어질 때 "좋다, 우리가 다음번에 만날 때 나는 친구가 말하고 있는 것에 확실히 집중하고 관심을 보여줄 거야"라고 혼잣말을 할지 모른다.

당신은 친구의 얼굴을 똑바로 바라보고 눈을 거의 깜박거리지 않고서 대화를 계속하지만, 친구는 당신이 "알았어"라고 말할 때 사실은 알지 않았음을 안다. 또 당신이 "아주 재미있다"고 말할 때 친구는 당신이 별로 재미없어 한다는 것을 안다. 이런 대화가 이어지면 친한 친구가 되기 힘들 것이다.

주의력의 저하는 일상 대화에서 매우 흔하다. 때로는 우정의 기초는 사람들이 서로의 허튼소리에 대해 갖는 아량이라고 생각한다. 그러나 대부분의 실제 우정은 각자가 상대방이 말하고 있는 것에 집중할 때 유지된다. 어느 정도의 노력 없이는 불가능하다.

쓰기(writing)의 매우 유용한 활동을 간과하지 말라. 쓰기에는 뇌의 운동 감각 영역과 시각 영역이 관여된다. 이것이 일어날 때, 당신 자신의 활동에 미치는 효과는 놀랍다. 매일 밤 자러 가기 전에 그날 집중력 연습이 성공한 것을 기록하라. "나는 노래 세 가지에" 또는 "식사 시간 중 절반은 식사하는 것에만 집중하였다." 등과 같이 당신은 말할 수 있다. 긍정적으로 생각하도록 주의하라. 부정적이 아닌 긍정적인 생각들을 쓰기에 표현하라. 이런 식으로 계속함에 따라 당신은 자신이 매일 점차 정신적으로 "깨어 있음"이 됨을 알 것이다. 이러한 과정은 당신에게 성공을 가져올 것이며, 자신감과 성취감을 높여 줄 것이다.

읽고 생각해 보세요
[출처: 유시주(역)(2000). 선생님. 푸른나무]

"나는 걔가 해낼 줄 알았어!"

아이들을 가르치면서 평생을 보내는 동안 수많은 아이들이 나를 스쳐 갔다. 그런데 세월이 흐를수록 유독 다른 아이들보다 자주 생각나는 젊은이가 한 명 있었다. 그 청년의 이름은 마르코스이다.

내가 그 아이를 만난 건 주민들의 절대다수가 이민자들이고, 또 그들 대부분이 인근의 논밭에서 일하던 어떤 지역에서 5학년생들을 가르치고 있을 때였다. 나는 늘 그랬듯이 그해에도 고등학교를 졸업할 계획인 아이들이 얼마나 되는지를 물어보는 것으로 학기를 시작했다. 나는 이어서 대학에 진학할 계획을 가진 아이들이 있는지도 확인했다. 당황스럽게도 극소수의 아이들만이 첫 번째 질문에 손을 들었고, 두 번째 질문에 손을 든 사람은 당연히 그보다도 더 적었다. 나는 공부를 계속하라고 아이들을 격려하는 데 많은 시간을 쏟았다. 교육을 받는 데서 오는 이점을 토론하기도 했고, 고등학교 졸업을 목표로 삼을 수 있도록 이런저런 노력을 아끼지 않았다. 그 학교 아이들 대부분에게 있어서 교육은 손닿을 수 있는 곳 저 너머에 있는 어떤 것이었다. 그러나 마르코스는 달랐다.

마르코스는 사랑스러운 아이로, 늘 웃고 다니고, 위트가 있었으며, 또 생기가 넘쳤다. 과장이 아니라 그 아이를 보면 늘 행복한 기분이 들었다고 말할 수 있다. 그 아이는 자신이 정말로 지금 살고 있는 빈민가를 벗어날 수 있다고 생각하는지, 정말로 학교를 마치고 저 너머 더 나은 곳으로 나아갈 수 있다고 생각하는지를 내게 묻곤 했다. 그럴 때면 나는 늘 정말로 그렇게 믿는다고 적극적으로 격려하면서, 너는 꼭 그렇게 하고 말 것임을 믿어 의심치 않는다고 말해주곤 했다. 나는 마르코스가 고등학교를 졸업할 수 있을 뿐만 아니라 그 이후 무슨 일을 하게 되든 그 분야에서 성공할 것이라고 믿었다.

우리가 함께 했던 시간이 끝나면서 마르코스와 나는 헤어졌다. 1년이라는 시간 동안 우리는 아주 친하게 지냈고, 마치 한 가족처럼 되었다. 나는 내가 맡았던 아이들을 한 사람, 한 사람 모두 사랑했고, 마르코스도 예외가 아니었다. 나는 마르코스에게 앞으로도 계속 서로 연락하며 지내자고 부탁했다. 내가 할 수 있는 한 그 아이를 도와주고 싶었고, 또 성공했다는 소식도 듣고 싶고, 기쁨도 함께 나누고 싶었다.

오래지 않아 나는 다른 학군에 있는 학교로 전근을 가게 되었다. 어느 날, 막 수업을 끝내고 있는데 웬 청년 한 명이 교실로 걸어 들어왔다. 교실로 들어오는 청년을 지켜보면서 처음에는 누군가 했다. 그런데 그 청년이 웃음을 짓자마자 나는 단번에 그가 누군지를 알아보았다. 마르코스였다. 마르코스는 내게 첫 월급을 흔들어 보였다.

"선생님을 얼마나 찾아다녔다고요. 선생님께 제 첫 월급을 보여드리고, 제가 진짜 해냈다는 걸 알리고 싶었거든요. 저는 잘나가고 있습니다!"

나는 마르코스의 눈에서 자신감을 읽을 수 있었다. 그 아이가 자란 동네를 생각하면, 정말 개천에서 용이 난 셈이었다. 마르코스는 일자리를 얻어 바야흐로 정기적인 소득을 올리게 된 것이었다. 나는 너무나 반가워서 마르코스를 반 아이들에게 소개했고, 아이들은 모두 축하의 말을 아끼지 않았다.

수업을 끝낸 뒤 마르코스와 나는 지난 5년간 쌓인 이야기를 한참 동안 나누었다. 나와 마르코스가 알고 있는 다른 아이들에 대한 근황도 전해 들었다. 사정이 좋지 않은 아이들에 대한 이야기를 들으면 슬펐고, 마르코스처럼 잘해나가고 있는 아이들 이야기를 들으면 기뻤다. 헤어질 때 마르코스는 나에게 더 성공할 것을 약속했고, 나는 예전에 했던 것처럼 자신감을 북돋워 주었다.

2년이 흐른 뒤, 이번에도 나는 하루가 저물 무렵 마르코스로부터 소식을 받았다. 이번에는 학교의 내 편지함에 편지가 한 장 놓여 있었다. 편지 봉투 속에는 마르코스가 보낸 고등학교 졸업 알림장이 들어 있었다. 그와 함께 책상 위로 마르코스의 사진이 떨어졌는데, 사진을 집어 보니 넥타이를 맨 푸른색 정장 차림에 아름다운 미소를 머금고 있는 잘생긴 청년이 거기 있었다. 다름 아닌 마르코스였다. 마르코스가 그간 성취해 낸 바와 자신의 졸업식에 내가 참석해 주었으면 한다는 부탁을 읽어 내리는 동안 내 눈에서는 속절없이 눈물이 흘러내렸다. 남편 스탠은 내가 느끼는 자랑스러움과 기쁨에 공감하면서 마르코스에게 연락해 그 마음을 전해 주라고 했다.

마르코스에게 연락하는 일은 생각처럼 쉽지 않았다. 편지에 동봉되어 있던, 졸업생에게 보내는 알림장에는 수신인의 주소가 적혀 있지 않았다. 이튿날 밤, 작은 아이들은 침대에 재워 놓고 큰 애들은 이웃집에 부탁해 놓은 뒤 나와 스탠은 예전에 몇 년 동안 근무했던 마르코스 네 동네를 찾아갔다. 우리는 마침내 작고 비좁은 마르코스의 집을 찾아낼 수 있었는데, 집안 에서는 시끌벅적한 소리가 흘러나오고 있었다. 소리로 보아 그 작은 집에는 스무 명이 넘는 사람들이 북적대고 있는 것 같았다. 대부분 아이들의 목소리였다. 현관문을 노크하면서 우리 는 구멍이 뻥 뚫려 있는, 예전에 손잡이가 있었던 자리를 통해 집안을 들여다보았는데 정말 로 스무 명이나 됨직한 아이들이 북적대고 있었다. 노크 소리를 듣고 청년이 한명 나왔다. 스 탠은 스페인어를 꽤 하는 편이어서 마르코스를 만나러 왔노라고 말했다. 그러나 청년은 마르 코스는 이제 이곳에 살지 않으며, 이사 간 집도 모른다고 말했다.

우리는 낙담한 채 차를 타고 되돌아왔다. 다음 날 나는 학교에 가서 마르코스가 사는 곳을 알 만한 사람들을 수소문했다. 그리하여 그날 저녁 주소 하나를 손에 넣었다. 그 주소지로 차 를 몰면서 나는 마르코스가 좀 더 나은 동네에서 살고 있다는 것을 확인하고는 너무나 기뻤 다. 현관 앞에까지 걸어간 나는 노크를 했다. 이번에는 어떤 부인이 나왔다. 나는 그 부인이 마르코스의 어머니임을 한눈에 알아보았다. 마르코스와 똑같은 따뜻한 미소를 띠고 있었던 것이다. 나는 서투른 스페인어를 동원해 마르코스를 만나러 왔노라고, 옛날에 마르코스를 가 르쳤으며, 졸업을 맞아 마르코스를 축하하고 선물을 주고 싶어 그를 찾고 있노라고 설명했 다. 그녀는 마르코스가 가족들의 삶을 얼마나 변화시켰는지 이야기보따리를 풀어 놓았다. 마 르코스는 학교가 파한 뒤 일을 하고 있으며, 지금은 휴가 중이라고 했다. 마르코스는 일을 아 주 열심히 해서 어머니와 함께 빈민가를 벗어날 수 있는 돈을 모았고, 그래서 최근에 그 집 으로 이사하게 되었다고 했다. 그녀는 아들을 아주 자랑스러워했다.

"우리 마르코스는 아주 착한 아이예요."

그렇다. 마르코스는 나에게도 참 착한 아이였다. 장차 훌륭한 사람이 되기 위해 자기 길을 개척하고 있는 착한 아이.

마르코스가 그날 집에 없는 바람에 나는 그를 보지 못하고 돌아왔다. 졸업식에는 참석할 수가 없었기 때문에 나는 그의 어머니에게 축하의 말과 선물을 대신 전했다. 차 있는 곳으로 걸어가면서, 그리고 먼 길을 운전해 집으로 돌아오는 내내 나는 한 어린이가 얼마나 많은 것 을 이룩할 수 있는지를 목도할 수 있게 된 데 진심으로 감사했다.

나는 지금도 마르코스의 사진을 냉장고에 붙여 두고 있다. 내가 왜 교사의 길을 선택했는 지를 되새기기 위해서이다. 마르코스에게서 마지막으로 소식을 들은 후 4년이 흘렀다. 그러나 나는 마르코스가 다음번에 보내올 또 다른 성취의 소식을 고대하고 있다. 찰스 디킨스는 아이들에 대해 이런 말을 한 적이 있다.

"가장 최근까지 하느님과 함께 살았던 사람들 속에 있다는 것은 특권이요 영예이다." 그의 말이 맞다.

제4장

인간학습에 대한 사색 하나

인간학습에 대한 사색 하나

1. 학습과 학습이론

학습은 개인이 환경과 상호작용하는 과정에서 나타나게 되는 여러 가지 형태의 비교적 지속적인 변화들이다. 따라서 선천적으로 형성되어 있는 행동과 신경계통의 성숙으로 말미암아 거의 자연적으로 일어나는 변화 또는 피로나 약물 등에 의한 일시적인 변화들은 학습에서 제외된다.

소련의 생리학자인 파블로프(I. P. Pavlov)는 배고픈 개에게 음식을 줄 때, 종소리를 들려주는 일을 여러 번 되풀이하게 되면 개는 종소리만 들어도 침을 흘리게 된다는 것을 발견했다. 이를 고전적 조건반사설이라 한다. 음식을 보고 침을 흘리는 것은 자연적인 반응으로 무조건 반응이고, 종소리에 침을 흘리는 것은 조건반응이다. 이 조건반응은 획득된 것이다. 이 학습은 새로운 자극(종소리)이 여러 번 음식과 같이 주어졌을 때 일어났다. 왓슨(J. B. Watson)도 조건반사설을 옹호하면서 학습이란 신경계에 기초를 둔 개인의 연합(S → R)의 형성이라고 보았다.

스키너(B. F. Skinner)는 파블로프만큼 잘 알려진 학자로서, 행동의 실험적 분석을 통하여 교육의 발전을 위한 학습기술 또는 정신질환이나 행동수정기술 등에 크게 공헌하였다. 스키너의 학습이론은 조작적 조건반사설이라고 한다. 파블로프의 실험에서 조건반응은 단지 외부자극에 의하여 야기된 반응에 관심이 있으나 스키너의 실험에서 조건반응은 인간의 욕구수준이나 외부의 환경에 따라 행동이 달라진다. 즉 파블로

프의 이론에서 반응은 외부자극에 대하여 반응하는 것인데 반해, 스키너 이론에서 조작행동은 외부의 자극 없이 어떤 행동결과를 일으키도록 조작되는 행동을 말한다.

스키너의 조작적 조건형성에 관한 실험은 다음과 같다. 스키너 상자 속의 흰쥐는 1일 1회 먹이를 먹도록 순응시킨 것으로서 이 흰쥐가 쉬지 않고 계속 움직이다가 우연히 지렛대를 눌러 먹이를 얻은 후에는 다시 지렛대를 누르는 행동을 계속하였다. 이때 먹이는 지렛대를 누르는 행동을 강화시켜, 지렛대를 누르는 행동은 증가되었다. 그러나 지렛대를 눌러도 먹이를 얻을 수 없게 만든 경우에는 지렛대를 누르는 행동이 감소되는 현상 즉 소거현상이 나타났다.

또 실험자가 조작하여 전구에 불이 켜져 있는 동안에 지렛대를 누르면 먹이가 나오고 불이 꺼져 있는 동안에 누르면 먹이가 나오지 않게 변별조건을 구성하였는데 흰쥐는 불이 켜져 있는 동안에만 지렛대를 누름으로써 변별자극에 따라 반응을 조절해 나갔다. 이러한 실험을 통하여 조작적 조건형성이란 반응에 대하여 강화를 시켜줌으로써 그러한 반응이 나타날 확률을 증가시켜 나가는 것임을 알 수 있다.

조작적 조건형성 이론의 핵심은 강화이다. 따라서 학습자에게 학습시키려고 하는 반응은 강화를 수반해야 한다. 실제 학습상황에서 학습자의 바람직한 행동이 일어날 때 과자, 학용품, 칭찬 등의 강화자극을 주면 그 행동의 발생 빈도가 높아지는 것을 볼 수 있다.

스키너는 이러한 학습이론을 수업상황에 적용할 수 있게 발전시킨 프로그램 학습을 고안했다. 여기서는 학습할 어떤 기능이나 정보를 작은 행동단위로 세분하고 계열성을 찾아서 단계별로 학습시킨다. 그 일련의 단편적 행동들은 하나로 통합되어 결국 유연한 하나의 종합적인 행동으로 형성된다. 이 프로그램 학습에서는 학습의 과정을 비교적 명확히 설명해 주고 있다. 그러나 모든 학습과제를 이와 같이 분석할 수 없으며, 또 그것이 가장 효과적인 수업이냐 하는 문제는 아직 남아있다.

2. 학습동기

동기는 인간행동의 에너지이고, 행동의 활성을 증감시키며, 행동의 방향을 정해주는 심리적 요인으로서 자동차에 비유한다면 엔진과 핸들의 기능에 해당된다. 즉, 에너지와 방향이 동기 개념의 핵심적 요소이다. 아무리 자동차가 멋지게 만들어졌어도 엔진에 고장이 있거나 연료가 없으면 작동할 수 없듯이 마찬가지로 가장 잘 발달된 습관일지라도 적절한 활성화, 즉 동기유발이 이루어지지 않으면 기능하지 않는다. 이처럼 동기는 인간행동의 변수로 작용하는 근원이다.

동기(motivation)는 인간이 행동을 결정하는 데 중요한 작용을 한다. 특히 교육의 실제에 있어서는 동기의 개념이 대단히 중요하다. 동기유발 없이 효과적인 학습은 불가능하다. 동기란 유기체가 그의 욕구를 충족시키기 위하여 유인가를 찾는 과정이라고 정의할 수 있다. 동기는 행동을 일으키는 원동력이다. 동기는 유기체로 하여금 활동하게 하는 심리적 에너지인 것이다.

동기유발이란 어떤 행동의 근원이 되는 힘인 동기를 학습자에게 분기시키는 것을 말한다. 즉, 여기서 말하는 동기유발은 학습에 있어서 학습자가 하고자 하는 의욕이 생기게 하여 유목적이고 적극적으로 학습하도록 이끄는 것을 뜻한다.

동기는 일차적 동기와 이차적 동기로 구분하거나 내재적 동기와 외재적 동기로 구분한다. 일차적 동기는 인간의 생존과 직접적으로 관련된 물, 수면, 공기 등 기본적, 생리적인 욕구충족을 위한 것이다. 이차적 동기는 인간의 생존과 직접 관련되지 않은 동기로서 학습된 동기라고도 한다. 외재적 동기는 학습자의 외부로부터 이루어지는 것으로 외부의 어떤 보상을 얻으려는 것과 관련되는 동기이다. 내재적 동기는 학습자의 내부에서 일어나는 것으로 어떤 일을 하거나 활동하는 그 자체가 보상이 되는 동기이다. 내재적 동기와 외재적 동기는 상호관련 되어 있다.

학습동기 유발을 위한 방법을 살펴보면 첫째, 효과적인 학습동기는 학습의 목표를 개인적 욕구와 결부시켜 줄 때 유발된다. 둘째, 목표를 뚜렷하게 인식시켜 준다. 셋째, 학생의 흥미나 적성에 부합된 과제일수록 학습동기 유발에 도움이 된다. 넷째, 칭찬이나 상은 학습동기 유발에 효과적인 방법이다. 다섯째, 긍정적 자아개념의 형성을 돕는다. 여섯째, 부분해답은 학습동기 유발에 도움이 된다. 일곱째, 경쟁심의 적절한 활용은 학습동기 유발에 도움이 된다(표 4-1).

표 4-1 동기유발 방법

내재적 동기	외재적 동기
① 학생의 내적욕구와 학습과제를 일치	① 명세적 수업목표를 제시함
② 학생의 흥미와 관심을 학습목표와 연관	② 칭찬, 상과 벌을 사용
③ 긍정적 자아개념 형성	③ 경쟁심을 이용
④ 지적 호기심을 자극함	

자기효능감에 초점을 맞추어 학습동기를 유발하기 위한 방법을 구체적으로 살펴보고자 한다. 성공경험, 과제난이도, 맥락적 요인들은 자기효능감을 높이거나 감소에 영향을 미치며, 자기효능감은 오랜 기간에 걸쳐 발달되는 것이다. 자기효능감이 높으면 학습 관련한 자신감을 가질 수 있어서 학습동기 유발에 효과적이라고 볼 수 있다.

성공경험들(enactive mastery experiences)은 효능감 정보에 대한 가장 영향력 있는 근원이다. 왜냐하면 그것들은 우리가 성공하기 위해서 행하는 것이 무엇이든, 그것을 성공할 것인지에 대한 가장 신뢰할 수 있는 증거를 제공하기 때문이다. 성공은 개인 효능감에 대한 강한 신념을 형성한다. 실패 경험의 누적은 개인효능감을 약화시킨다. 만일 사람들이 단지 쉬운 성공만을 경험한다면, 그들은 빨리 결과를 기대하게 되고, 실패하면 쉽게 낙심할 것이다. 탄력성있는 효능감을 지니기 위해서는, 지속적인 노력을 통하여 장애를 극복한 경험이 있어야만 한다.

사람들은 자기가 성공하기 위해 필요한 능력을 가지고 있다고 확신하면, 역경에 직면해서 오래 견디며, 장애에 부딪쳐서도 빨리 회복된다. 어려운 시간을 통해 장애를 견딤으로써 그들은 역경에 직면해서 더 강하고 더 능력있게 된다. Elder와 Liker(1982)는 1930년대 미국의 심한 경제 위기 기간 동안 겪는 힘든 시간이 여성들의 삶에 미치는 영향에 대한 분석에서, 이러한 효과에 대한 좋은 예를 제공하였다. 어떤 적응 수단을 가진 여성들 가운데에서 어린 나이에 경제적인 어려움을 겪은 경우는, 어려운 시간을 경험하면서 투쟁할 필요가 없는 경우보다, 나중에 좀 더 자기－확신적이고 자원을 풍부하게 갖게 되었다.

또한 개인 효능감은 과제의 지각된 난이도에 의존할 것이다. 쉬운 과제에서 성공하는 것은 당연하기 때문에, 효능감의 변화에 영향을 주지 않는다. 그러나 어려운 과제를 숙달하게 되면 자기의 높은 효능감에 대한 새로운 정보를 스스로에게 전해준다. 과제 난이도(task firriculty)를 평가할 때 사람들은 그 활동을 수행한 다른 사람들의 성공률에 대한 정보에 의지한다. 과제 난이도 평가에 대한 학습자들 간의 차이는, 성공적 수행에서 기인하는 개인 효능감을 스스로 평가할 때 서로 다른 결과를 산출할 수 있다.

수행은 성취를 방해하거나 촉진할 수 있는 여러 요인이 포함되어 있는 맥락 내에서 발생한다. 이러한 맥락적 요인(contextual factors)은 상황적인 장애, 다른 사람들에 의해 제공된 도움, 사용 가능한 자원과 장비의 적절성 등을 포함한다. 예를 들면, 다른 사람의 도움을 많이 받아서 획득된 성공은 거의 효능감을 주지 못한다. 그러한 성공은 개인의 능력이 아니라 외적인 도움에 의한 것임이 확실하기 때문이다.

그리고 자기주도적 학습은 자기효능감을 증진할 수 있고 학습동기 유발에도 긍정적이다. 오늘날 우리들에게 부과되는 많은 역량 중에서 좋은 공부 습관은 어떤 연령에서든 자산임이 분명하다. 학습은 복잡한 활동이다. 공부는 기술을 요한다. 다음의 원리는 당신이 좋은 자기주도적 학습자가 되게 도울 수 있는 방법이다.

1 준비하기

준비하기의 목적은 신경세포와 경로를 활성화시켜서 다가오는 정보를 받아들일 준비를 갖추는 것일 것이다. 어떤 주제에 관해 당신이 소유하고 있는 모든 선행정보(prior information)를 인출하면 이것이 성취된다.

2 대충 훑어보기

대충 훑어보기(scanning)는 당신이 읽으려고 하는 것을 받아들이도록 당신의 정신을 준비시키는 수단이다. 그 방법은 핵심어들 또는 용어들을 고르면서 가능한 빨리 당신의 눈이 아래로 옮아가도록 하는 것이다. 또는 당신의 호기심과 흥미를 일으키는 단어, 그림 등을 찾는 것이다.

3 읽기

공부 자료에 종종 제시되는 물음들을 간과하지 말라. 물음에 답하도록 자료를 찾아보고 생각해 보라.

4 기억하기

학습과 기억하기는 상호 관련된다. 핵심 아이디어들은 당신의 마음에 확고히 새겨짐을 확인하라. 핵심 아이디어들은 당신이 단답형 시험을 치게 되든 또는 과제 작성을 준비하고 있는 당신에게 더할 나위 없이 도움이 될 것이다. 기억하기는 당신이 하위제목들의 관계를 주목하고, 기억술을 적용하여 내용을 이해하고 암기하는 것이다.

5 자신을 점검하기

지식은 당신의 읽기 및 공부의 깊이와 기억의 양에 달려 있다. 그러므로 당신 자신을 계속 점검할 필요가 있다. 복습할 때 항상 자신을 점검하라. 만일 당신이 읽었던 것에 관해 당신 자신에게 질문을 하면, 당신은 생각한 만큼 자료를 분명히 파악하지 못함을 종종 발견할 것이다. 일단 이것을 깨달으면, 당신은 어떤 내용을 더 암기하고 복습해야할지 알 수 있다.

6 언제 공부해야 하는가

당신이 언제 공부해야 하는가는 당신에게 달려 있다. 이상적으로는, 당신은 한 학기 동안에 자주 공부해야 하며 빈번한 간격으로 복습해야 한다. 먼저 무엇을 공부해야 하는가는 역시 당신에게 달려 있다. 어떤 사람들은 가장 어려운 자료 또는 가장 덜 흥미 있는 자료를 먼저 공부하기를 좋아한다; 다른 사람들은 그런 것을 마지막으로 남겨두기를 오히려 좋아한다. 당신이 공부하는 순서는 공부에 바치는 집중력의 정도와 기억할 수 있는 정보의 양만큼 중요하지 않다.

7 수업을 위해 준비하기

대부분 강좌의 경우, 미리 제시되는 읽기 과제는 강의 및 수업 토의와 상관이 있다. 읽기 과제는 강의를 준비하는 방법이다. 흔히 학생들은 준비 없이 수업에 임하고 그러면 내용을 이해하기 힘들 수 있다. 당신이 미리 과제를 읽고 준비하더라도, 과제를 완전히 학습할 필요는 없다. 당신은 강의에 귀를 기울이고 열중하는 것으로 충분함을 확실히 알아야 한다.

이해는 당신이 이미 소유하고 있는 관련 지식의 양에 크게 달려 있다. 예컨대, 화학에 흥미가 없다면 당신은 그 교과에 관한 전문적 대화로부터 어떤 것도 얻지 못할 것이다. 그러나 당신이 친숙한 교과 내용에 관한 강의는 당신의 지식을 증가하고 내용을 기억하는 데 도움이 될 수 있다.

읽고 생각해 보세요
[출처: 손성화, 김진숙(2016).

대한민국 교육, 생각에 빠지다. 공동체. pp.127~130.]

"반복학습이 기적을 만든다"

세 살 버릇 여든까지 간다. 우리는 이처럼 습관에 대하여 중요하게 생각한다.

습관(習慣)의 사전적 의미는 '어떤 행위를 오랫동안 되풀이하는 과정에서 저절로 익혀진 행동방식'이다. 습(習)은 깃 우(羽)＋흰 백(白)의 조합으로 흰 새(어린 새)가 날아가려는 연습으로 끊임없이 날갯짓을 하는 모양을 그린 글자이다. 바로 어린 새가 날기 위하여 학습된 행위를 되풀이하여 비교적 고정된 반응 양식이다. 바로 반복을 강조하는 것이다.

스티븐 코비는 성공하는 습관에 대하여 이야기한다. 성공에 가장 중요한 것이 바로 습관이라는 것이다. 이러한 습관은 하루아침에 만들어지지 않는다. 학습(學習) 또한 배우는 것을 익히기 위하여 반복하는 것이다.

반복학습이 기적을 만든다. 사이토 다카시는 말한다. "① 초등학교 때 공부의 기초 체력이 있으며 이는 올바른 반복습관에 의해 길러진다. ② 부모는 문제를 푸느냐 못 푸느냐에 관계없이 새로운 것, 어려운 것에 도전한다는 것 자체에 감동해야 한다. ③ 얼마나 오랫동안 쉬지 않고 집중할 수 있는가? － 뇌의 지구력은 반복 훈련이다. ④ 수학의 풀이법을 대화로 반복 연습한다. ⑤ 아이를 엄하게 키우고 싶으면 애정을 듬뿍 담아 엄격하게 공부시키라. ⑥ 실력을 공개하면 더욱 분발한다. ⑦ 언어력은 객관적 관찰방식에서 나온다. － 사자성어, 속담 이용, 일상 언어의 지적 수준 높이기, ⑧ 수학 공부의 최대 목적은 사고 순서를 익히는 것 － 풀이과정의 다양성이 중요하다. ⑨ 수학은 학년 구분 없이 향상심, 다양한 반복이 중요하다. ⑩ 반복 계산 훈련은 정보처리 능력 향상 － 타이머로 도전의식도 길러주라. ⑪ 도형 문제는 논리적 사고력을 기른다. ⑫ 수량 문제는 판단력을 기른다. －양과 비율의 관계가 핵심, 대략적인 수량을 파악해 두는 능력이야말로 다음에 취할 행동을 결정짓는 기준이 된다. － 어림잡아 보기 등. ⑬ 문장제 문제는 절차 능력을 기른다. 요리 순서를 아는 것은 절차 능력과 관련 있다. 문장제 문제는 핵심을 파악하는 능력이 필요하다. 메모하는 능력도 중요하다. ⑭ 어릴 때부터 최고급 국어와 접하면 올바른 국어 감각이 길러진다. ⑮ 음독을 잘하면 독해력이 좋아진다. ⑯ 음독은 뇌의 지구력을 높여 준다. 훈련이 필요하다. ⑰ 어릴 때부터 훌륭한 고전 작품을 접한다."

많은 세계의 석학들은 반복이 중요하다고 말하고 있다. 인간이 가장 중요하게 생각하는 배우고 익히는 것이 바로 반복에 의하여 나온다고 이야기하고 있다.

자신의 일에 최고의 능력을 갖기 위해 도전하는 것이 중요하다. 실패를 이겨내고 다시 도전하는 것이 바로 습관을 만들어 낸다. 이것을 바로 노력이라고 한다. 어떤 일을 반복적으로 한다는 것은 쉽지 않은 일이다. 인간은 지루한 일을 반복적으로 하는 것을 싫어한다. 하지만 자신이 좋아하는 일을 한다면 우리는 오랫동안 재미있게 할 수 있는 힘을 갖게 된다. 재미있고, 하고 싶은 일을 하면 어떤 일도 이루어 낼 수 있다.

발명왕 에디슨은 99%의 노력과 1%의 영감을 통하여 수많은 발명품을 만들어 냈다. 에디슨은 "단 하루도 발명하는 모든 것들을 일이라고 생각해 본 적이 없다"라고 하였다. 이러한 힘은 에디슨의 좋은 습관이 이루어 내었다고 할 수 있다.

이처럼 습관에도 좋은 습관, 나쁜 습관이 있다. 습관은 한 번 길들여지면 고치기가 힘들다. 이러한 습관은 어렸을 때부터 잘 길러져야 한다. 우리 아이들에게 좋은 습관을 만들어 주기 위하여 가장 중요한 것은 바로 부모들의 역할이다. 이는 부모들의 습관이 바로 우리 아이들의 습관으로 고착된다는 것을 보여준다.

제5장

인간학습에 대한 사색 둘

인간학습에 대한 사색 둘

1. 지능과 학습

　인간의 정신능력에 관한 개인차의 과학적 연구역사는 겨우 1세기 정도에 지나지 않는다. 먼저 네 가지의 지능의 개념을 그 발달의 맥락에 관련시켜 살펴보기로 한다. 제일 먼저 제시할 지능의 개념은 19세기 말엽에 시작된 지능에 관한 실험적 연구에서 기원한 것으로, 개인에 존재하는 기본 능력 혹은 정신작용의 종합체로 본 것으로, 독일의 심리실험 연구, 영국의 진화론의 관점, 프랑스의 지능부진 연구 등이 모두 이 속에 포함된다고 볼 수 있다.

　두 번째의 개념은 지능검사가 제작되기 시작하면서 심리학자 및 교육학자가 지능에 관한 집중적인 관심을 표명한 결과로 발전되었으며, 지적 작업에 관련된 모든 능력, 모든 인간에게 존재한다고 본 단일 특성 혹은 단일능력으로 보는 입장이다. 세 번째의 개념은 1930년대의 다요인분석(多要因分析, muitiple factor analysis)의 발달과 맥을 같이 하면서 발전된 것으로, 지능이란 단일한 특성이나 능력이 아니라 여러 가지 다양한 능력의 요인으로 구성되어 있다는 입장이다. 네 번째의 개념은 지능검사나 지능측정에 대한 비판에서 출발하여 검사수행에 내포되어 있는 과정, 전략, 그리고 지식을 탐구하려는 시각에서 지능을 보려고 하는 입장이다.

　지능에 대한 개념 정의가 다양한 것처럼 지능의 구조에 대한 주장도 다양하다. 영국의 C. Spearman은 인간 능력을 요인분석(要因分析, factor analysis)이라는 측정학적 관점에서 접근한 최초의 인물일 뿐 아니라, 지능의 일반요인설(general factor theory) 혹은 2요인설(two factor theory)을 제안한 것으로 더욱 알려져 있다.

Spearman은 여러 종류의 성취검사와 정신작업검사 간의 상관계수를 조사하여 일정한 질서를 발견하고 일반지능요인(g요인: general intelligence factor)의 존재와 각각의 검사 고유의 것으로 특수요인(s요인: specific factor)의 존재를 가정하였다. 그는 모든 인지능력이나 정신능력을 측정하는 검사에는 일반요인이 존재한다고 주장하였다. 나중에 그는 이 특수요인 속에 공존하는 요인으로서 언어, 수, 정신속도, 주의, 그리고 상상의 5가지 요인을 찾아내었다.

Thurstone(1938)은 일반지능을 측정하는 검사를 다양하게 수집, 분류하여 50여 개의 검사로 구성하여 실시하고 다요인 분석방법에 의해 7개의 집단요인이 있는 것을 확인하였다. 이것을 기본정신능력(primary mental abilities: PAM)이라 하였다. 기본정신능력은 지각속도요인(perceptual speed factor: P), 수요인(numerical factor: N), 단어유창성요인(word fluency factor: W), 언어요인(verbal comprehension factor: V), 공간요인(spatial visualization factor: S), 기억요인(memory factor: M) 추리요인(reasoning factor: R)이다.

Guildford(1959)는 다요인설의 관점에서 Thurstone의 기본정신능력을 확대한 지능구조모형(structure−of−intellect model: SI)을 제시하였다. 그는 인간의 지능에는 세 개의 필수적 차원이 존재한다고 보았는데, 정신능력에 포함되는 내용(content)의 차원과 그 요인에서 요구하는 조작(operation)의 차원, 이러한 조작이 내용에 작용해서 나타나는 산출(product) 차원이다. 이러한 3차원은 처음에는 내용 차원 4개, 조작 차원 5개, 산출 차원 6개 영역, 120개 요인으로 제시되었다. 이후 지능구조모형은 5개의 내용 차원, 6개의 조작 차원, 6개의 산출 차원을 구성하는 요소들이 상호결합하여 얻어지는 180개의 상이한 정신능력으로 구성된다고 하였다.

Cattel(1963)은 지능에 관한 두 개의 일반요인인 유동적 지능(流動的 知能, fluid intelligence/gf)과 결정적 지능(結晶的 知能, crystallized intelligence/gc)을 제시하였다. 유동적 지능은 유전적·신경생리적 영향에 의해 발달되는 지능으로 뇌와 중추신경계의 성숙에 비례하여 발달한다. 유동적 지능은 속도, 기계적 암기, 지각력(perception), 일반적 추리력에서 잘 나타난다.

결정적 지능은 환경적·경험적·문화적 영향에 의해 발달하는 지능이다. 결정적 지능의 발달은 가정환경·교육정도·직업 등의 영향을 받는다. 결정적 지능은 성인기 이후에도 계속 발달하며 환경의 질에 따라 차이가 있다. 즉 계속해서 지적 자극을 추구할 때 결정적 지능의 발달은 보다 뚜렷하다. 결정적 지능을 나타내는 능력은 언어이해, 문제해결력, 논리적 추리력, 상식등이다. 22~62세 사이의 한국 성인남녀 240명을 대상으로 유동적 지능과 결정적 지능을 횡단적으로 연구한 추정선(1988)의 연구결과는 결정성 지능의 감퇴는 유동적 지능의 감퇴보다 속도가 느렸다. 또한 결정적 지능의 감퇴는 사회경제적 계층이 높을수록, 취업상태에 있을수록, 과업의 전문성이 높을수록 그 정도가 낮은 것으로 나타났다.

미국 예일대학교의 Sternberg(1985)는 지능의 삼원이론(triarchic theory of intelligence)을 주장하여, 전통적인 지능의 개념에 실제적 지능의 개념을 포괄하는 지능발달의 새로운 접근을 전개하였다.

Sternberg는 이제까지 제안되어 온 지능이론들은 크게 세 가지로 나눌 수 있다고 주장하였다. 첫 번째는 지능을 주로 개인의 내적 세계에 관련 지우려는 시도로서 한 개인이 사고할 때 그의 머릿속에서 무엇이 진행되는가에 관심을 가졌다. 두 번째는 지능을 개인의 경험과 관련 지우려는 것으로 한 개인의 경험이 지능에 어떤 영향을 미치며 또한 지능이 개인의 경험에 어떤 영향을 미치는가가 주된 관심의 대상이었다. 세 번째는 지능과 개인의 외적 세계와의 관련성에 관심을 두었다. 즉 외부세계와의 상호작용이 개인의 지능에 어떤 영향을 미치며, 개인의 지능이 그가 살고 있는 세계에 어떤 영향을 미치는가가 주된 관심이 되었다.

Sternberg는 인간의 지능을 완전히 이해하려면 지능과 세 가지, 즉 개인의 내적 세계, 개인의 외적 세계, 그리고 내적 세계와 외적 세계를 중개하는 세계에 대한 경험과의 관련성을 이해해야 한다고 하였다. 그의 삼원이론은 바로 이러한 관련성 측면을 다루는 세 부분으로 구성되어 있으며, 삼원이라는 이름도 지능의 이러한 세 가지 관련성의 측면을 다루고 있기 때문에 붙여진 이름이다.

그의 이론을 형성하는 첫째 부분은 구성적 부분으로서 이것은 지능을 개인의 내적 세계와 관련짓는다. 둘째 부분은 경험적 부분으로서 이것은 지능을 개인의 내적 세계와 외적 세계 모두와 관련짓는 부분이다. 셋째는 맥락적 부분으로서 이것은 지능을 개인의 외적 세계와 관련짓는 부분이다. Sternberg는 이 세 부분을 체계적으로 다룸으로써 삼원이론을 하나의 완전한 지능이론으로 시도하고 있는데, 이러한 삼원이론의 세 측면인 구성, 경험, 그리고 맥락에 대해 각각 살펴보기로 한다.

첫째, 구성적 측면은 지능작용의 가장 중심적인 요인으로 기본적인 정보처리를 위한 세 가지 형태로 구성이 있는데, 그것은 상위구성(metacomponent), 수행구성 (performance component), 그리고 지식획득 구성(knowledge－acquisition component) 이다.

　상위구성은 고차적인 정신과정인데, 이것은 어떤 일을 하려고 계획하는 것, 어떤 일을 하고 있는 동안 이 일에 대해 점검하는 것, 그리고 이 일을 평가하기 위한 집행, 통제과정이다. 수행구성은 상위구성의 지시를 실행하는 하위수준의 과정이다. 상위구성의 계획에 따라 문제를 해결하게 된다. 지식획득구성은 궁극적으로 상위구성과 수행구성들이 하는 것을 어떻게 해야 하는지를 학습하는 것에 관련되어 있다. 즉 처음에 문제를 어떻게 해결할 것인가를 학습하는데 사용하는 과정이다(송명자, 1995).

　지능이 효과적으로 가능하는데는 세 가지의 지식획득구성들이 중심적인 역할을 하는 것으로 알려져 있는데, 선택적 부호화(selective encoding) 선택적 조합(selective combination), 선택적 비교(selective comparison) 이다. 선택적 부호화는 학습할 과제에서 부딪치는 유관정보와 무관정보를 구별하는 과정으로, 많은 정보 속에서 어떤 정보가 자신에게 주어진 과제에 적절한 정보인지를 가려내는 일이다. 선택적 조합은 관련 없는 사실들을 연합시키는 방법을 아는 것으로 선택적으로 부호화된 정보를 통합된 형식으로 조합하는 일이다. 선택적 비교는 오래된 정보와 새로운 정보를 연합시키는 과정이다.

　예를 들어 학기말 보고서를 쓰는 것에 관해 생각해 보기로 하자. 상위구성은 주제를 결정하고, 내용을 계획하며, 실제적 진술을 점검하며, 그리고 결과는 평가하는 것을 도와준다. 수행구성은 보고서의 실제적 진술작업을 도와준다. 그리고 보고서를 쓰기 위한 연구활동에는 지식획득구성을 사용한다. 이들 세 구성들은 결코 독립적으

그림 5-1 Sternberg(1985)의 지능의 구성간의 관계

로 기능할 수 없으며, 성공적인 문제해결은 항상 이들 세 구성들 간의 상호작용을 필요로 한다. [그림 5-1]은 이 구성들이 같이 작용하는 방법을 예시하고 있다.

둘째, 경험적 측면은 지능의 구성이 인간의 경험과 밀접히 연결되어 있다는 것이다. 우리의 경험은 새로운 과제를 해결할 수 있는 능력을 증가시킨다. 예를 들면 전기자동차에 관한 독서만으로는 그것을 수리할 수는 없다. 실제로 그것을 분해하여 다시 조립하는 새로운 경험을 해야 한다. Sternberg의 지능이론에서 경험적 능력은 새로운 이론을 개발해내는 통찰력 있는 학자, 창의적인 과학자나 예술가 그리고 전문적 경영인 등 많은 분야에서 탁월한 능력을 보이는 사람들은 경험적 능력이 우수한 사람이라 할 수 있다.

셋째, 맥락적 측면은 외적 세계에 대처하여 적응할 수 있는 기능으로 현실상황에의 적응력을 강조한다. 즉 맥락적 지능의 중요한 핵심은 적응이다. 여기에서 사용하는 적응은 세 가지의 의미를 함축하는데, 환경에 더 잘 적합하기 위한 환경에의 적응, 직면하는 환경의 요구에 더 적합하기 위해 현재의 환경을 변화시키는 것을 의미하는 환경의 형성, 그리고 현재 환경의 평가와 새롭고 더 좋은 환경의 선택을 포함하는 새로운 환경의 선택을 의미한다.

Sternberg는 맥락적 능력은 전통적인 지능검사에서 얻어지는 지능지수나 학업성적과는 무관한 능력으로 보고 있다. 이 능력은 정규적인 학교교육을 통해서는 길러지는 능력이 아니고 일상의 경험에 의해 획득되고 발달하는 능력이다. 맥락적 능력은 최근에 실용적 지능의 개념으로 지능발달 분야에서 크게 각광받고 있다. Sternberg는 실제적 지능은 일상의 문제해결능력, 실제적인 적응능력 및 사회적 유능성을 포괄하는 것으로 보고 있다(Sternberg et al., 1981).

덧붙여서 지능과 학업성취 간의 관계를 살펴보면 다음과 같다.
① 지능과 학업성취 간에는 높은 상관관계가 있다.
② 교과에 따라 상관관계가 차이 난다. 읽기, 수학 성적은 지능과 높은 상관관계를 나타내며, 음악, 체육, 미술 성적은 지능과 비교적 낮은 상관관계를 나타냈다.
③ 학년이 올라갈수록 지능과 학업성취 간의 상관계수는 낮아지는 경향이 있다.
④ 지능은 학업성취에 일반적으로 50%(r =0.6~0.7) 정도 영향을 미친다.

Gardner(1991)는 기존의 획일적인 지능관을 비난하고 인간의 지능에 관한 다중지능이론(多重 知能理論, theory of multiple intelligence)을 제안했다. 이것은 인간의 지능은 서로 독립적이며 다른 여러 유형의 능력으로 구성된다는 것이며, 비록 이들이 별개로 분리되어 있기는 하지만 상호작용하고 있다는 것이다. Gardner가 제시하는 8영역의 지능은 다음과 같다(그림 5-2).

언어지능은 말하기, 읽기, 작문, 듣기 등에서 사용되는 지능이다. 단어의 의미와 소리에 대한 만감성, 문장 구성법의 숙련 그리고 언어 사용방법에 대한 이해력 등이

그림 5-2 다중지능 영역

포함된다. 시인, 정치(연설)가, 교사 등이 이러한 지능이 높다.

논리－수학지능은 논리적이고 추상적인 사고를 하는 지능이다. 대부분의 과학적 사고에 이러한 능력이 포함된다. 예컨대 수학문제를 푼다든지, 증명을 도출해 낸다든지, 어떤 문제를 인지할 수 있고 그 문제의 이유를 찾으려는 능력이 등이 포함된다. 수학자, 과학자 등이 이러한 지능이 높다.

공간지능은 물리적 환경을 다루는 데 사용된다. 예컨대 자동차를 운전하거나, 항공기를 조종한다든지, 바다를 항해하는 것과 같은 데에 사용된다. 즉 시각적 세계를 정확하게 지각할 수 있고, 지각된 것을 변형시킬 수 있으며, 균형, 구성에 대한 민감성 그리고 유사한 양식을 감지하는 능력 등이 포함된다. 예술가, 항해사, 기술자, 건축가, 그리고 외과의사 등은 이러한 지능이 높다.

신체운동지능은 신체를 숙련되게 사용하는 능력이다. 기계체조라든지 무용같은 것에서 나타나는 재능으로 사물을 능숙하게 다루는 능력도 포함된다. 무용가, 외과의사, 운동선수, 공예인 그리고 배우 등이 이 지능이 높다.

음악지능은 노래하고, 악기를 연주하며, 작곡가 지휘를 하는 것과 같은 데에 관련되어 있다. 즉 개개의 음과 음절에 대한 민감성, 음과 음절들을 더 큰 음악적 이름이나 구조로 결합하는 방법에 대한 이해, 음악의 정서적 측면에 대한 이해 등이 포함된다. 음악가나 작곡가는 이 지능이 높다.

대인관계 지능은 다른 사람을 이해하고 그들을 대하는 것에 관한 이해의 능력이다. 즉 대인관계에서 사용되는 지능이다. 이것은 대인관계 속에서 다른 사람의 기분, 기질, 동기 그리고 의도를 파악하고 구분 짓는 능력이다. 그리고 다른 사람에 대한 지식에 따라 행동할 수 있는 잠재력이 포함된다. 이러한 능력은 특히 직장에서 중요하며, 정치, 판매, 정신치료, 그리고 가르치는 일을 하는 사람들에게 중요한 능력이라고 할 수 있다. 정치가, 종교인, 부모, 교사, 사업가 그리고 행정가는 이 지능이 높다.

자기성찰 지능은 자기 자신을 이해하는 능력이다. 즉 어떤 사물에 대해서 자신이 어떻게 느끼고 있는가를 아는 것, 자신의 감정의 폭을 이해하는 것, 자신이 왜 그렇게 행동해야 하는가에 대한 통찰, 그리고 자신의 욕구, 목표, 능력에 적합한 방식으로 행동하는 것 등이다. 소설가와 임상가는 이 지능이 높다.

자연탐구 지능은 동식물이나 주변에 있는 사물을 자세히 관찰하여 차이점이나 공통점을 찾고 분석하는 능력이 자연탐구 지능이다. 이 지능이 뛰어난 사람은 식물이나 동물을 좋아하고, 이를 잘 보존하기 위해 노력하며, 채집이나 자연관찰 등을 즐긴다. 또한 기후에 관심이 많거나, 날씨를 잘 예측하기도 하며, 자연과학에 대한 흥미와 더불어 환경보존에 대한 관심도 높아서 사회 주변에서 일어나는 각종 환경문제에 관심을 보이기도 한다. 누가 가르쳐 주지 않아도 화분이나 열대어를 잘 키우는 사람이나 애완동물이 유독 잘 따르는 사람도 자연탐구 지능이 높은 것이다.

Gardner(1993)는 다른 전통적인 지능검사는 언어적 지능과 논리－수학적 지능만을 지나치게 강조하여, 학교나 가정에서 그 외의 지능이 우수한 아동들의 능력을 제대로 인정하거나 개발해주지 못했다고 지적한다. 실제로 많은 전문적 직업들, 예컨대 교육자, 의사, 정치가, 건축가, 사업가, 행정가, 예술인 그리고 종교인 등에게 요구되는 능력을 분석해 보면, 이들 직업에서의 성공이 언어적 지능과 논리－수학적 능력에만 의존하지 않는다는 것을 명확하게 깨달을 수 있다. 교육자에게는 개인 간 지능이, 외과의사나 건축가에게는 공간적 지능이, 작가에게는 개인 내 지능이, 운동가에게는 신체－운동적 지능이 필수적이다. Gardner는 사회의 각 전문분야에서 성공한 사람들의 지능을 분석하여 이들이 언어적 또는 논리－수학적 지능이 아니라 그 직업이 요구하는 특정지능을 우수하게 갖추고 있다는 경험적 자료들을 제시하고 있다. 그리고 그는 인지과학 및 신경과학의 이론, 뇌손상 환자들에 대한 임상적 자료, 천재나 자폐아 등 특수집단의 지적능력에 관한 자료들에 근거하여 일곱 개의 지능을 모두 우수하게 갖추고 있는 전능한 사람은 없다고 주장한다.

한편 다중지능이론은 비판을 받고 있기도 하다. Gardner가 다중지능이론이라고 부른 것은 지능이 아니고 재능(talent)이라는 것이다. 다중지능이론은 참된 의미의 '이론'이 아니라는 것이다. 지능에 내포된 것이 무엇이며, 그것은 어떤 범위의 내용인지에 대해 분명히 하지 않았다. 설정된 지능의 수가 무한대로 확장될 수 있으며 지능을 정확히 측정하기 어렵다는 것이다. 하지만, 다중지능은 인간의 지능을 단일한 특성으로 보지 않고 다양한 하나의 종합된 것으로 이해하게 했다는 의미는 크다고 하겠다.

읽고 생각해 보세요

"다중지능 체크리스트"

◈ 다음의 각 문항을 읽고 1. 전혀 그렇지 않다. / 2. 별로 그렇지 않다. / 3. 보통이다. / 4. 대체로 그렇다 / 5. 매우 그렇다 중에서 당신의 일상생활과 가장 가깝다고 생각하는 번호를 〈채점표〉에 적으세요.

1. 취미 생활로 악기 연주나 음악 감상을 즐긴다.
2. 운동 경기를 보면 운동선수들의 장단점을 잘 집어낸다.
3. 어떤 일이든 실험하고 검증하는 것을 좋아한다.
4. 손으로 물건을 만들고 그림을 그리는 것을 좋아한다.
5. 다른 사람보다 어휘력이 풍부한 편이다.
6. 친구나 가족들의 고민거리를 들어 주거나 해결하는 것을 좋아한다.
7. 나 자신을 되돌아보고, 앞으로의 생활을 계획하는 것을 좋아한다.
8. 자동차에 관심이 많고, 각각의 공통점과 차이점을 알고 있다.
9. 악보를 보면 그 곡의 멜로디를 어느 정도 알 수 있다.
10. 평소에 몸을 움직이며 활동하는 것을 좋아한다.
11. 나는 수학이나 과학 과목을 좋아한다.
12. 어림짐작으로도 길이나 넓이를 비교적 잘 알아맞힌다.
13. 글이나 문서를 읽을 때 문법적으로 어색한 문장을 잘 찾아낸다.
14. 일상생활 또는 직장 내 성희롱이 왜 발생하고 어떻게 해결하면 좋을지 알고 있다.
15. 나의 건강 상태나 기분, 컨디션을 정확히 파악할 수 있다.
16. 옷이나 가방을 보면 어디 제품인지 바로 알아맞힐 수 있다.

17. 다른 사람의 연주나 노래를 들으면 어떤 점이 부족한지 알 수 있다.

18. 어떤 운동이라도 한두 번 해보면 잘 할 수 있다.

19. 다른 사람의 말속에서 비논리적인 점을 잘 찾아낸다.

20. 다른 사람의 그림을 보고 평가를 잘 할 수 있다.

21. 나의 어렸을 때 꿈은 작가나 아나운서였다.

22. 다른 사람들로부터 다정다감하다는 소리를 자주 듣는다.

23. 내 생각이나 감정을 상황에 맞게 잘 통제하고 조절한다.

24. 동물이나 식물에 관하여 많은 정보를 알고 있다.

25. 다른 사람과 노래할 때 화음을 잘 넣는다.

26. 운동을 잘한다는 말을 자주 듣는다.

27. 학교생활 또는 직장 생활에서 발생하는 문제를 해결하는 절차와 방법을 잘 알고 있다.

28. 내 방이나 사무실을 꾸밀 때, 어떤 재료를 사용해야 하고 어떻게 배치해야 할지 잘 알 아낸다.

29. 글을 조리 있고 설득력 있게 쓴다는 말을 자주 듣는다.

30. 학교 친구, 선배, 선생님 또는 직장 동료, 상사의 기분을 잘 파악하고 적절하게 대처한 다.

31. 평소에 내 능력이나 재능을 계발하기 위해 노력하고 있다.

32. 동물이나 식물을 좋아하고 잘 돌본다.

33. 악기를 연주할 때 곡의 음정, 리듬, 빠르기, 분위기를 정확하게 표현한다.

34. 뜨개질이나 조작, 조립과 같이 섬세한 손놀림이 필요한 활동을 잘 할 수 있다.

35. 물건의 가격이나 은행 이자 등을 잘 계산한다.

36. 다른 사람으로부터 그림 그리기나 만들기를 잘한다고 칭찬받은 적이 있다.

37. 책이나 신문의 사설을 읽을 때 그 내용을 잘 이해한다.

38. 가족이나 직장 동료, 상사 등 누구와도 잘 지내는 편이다.

39. 내 일정을 다이어리에 정리하는 등 규칙적인 생활을 위해 노력한다.

40. 나는 동식물과 관련된 직업에 관심을 갖고 있다.

41. 어떤 악기라도 연주법을 비교적 쉽게 배운다.

42. 개그맨이나 탤런트, 주변 사람들의 행동을 잘 흉내 낼 수 있다.

43. 어떤 것을 암기할 때 무작정 외우기보다는 논리적으로 이해하여 암기하곤 한다.

44. 새로운 지식을 습득할 때 그림이나 개념 지도를 그려 가며 외운다.

45. 나는 국어 시간이나 글쓰기 시간을 좋아한다(또는 좋아했다).

46. 내가 속한 집단에서 내가 해야 할 일을 잘 찾아서 수행한다.

47. 어떤 일에 실패했을 때 그 원인을 철저히 분석해서, 다음에는 그런 일이 생기지 않도록 노력한다.

48. 동식물이나 특정 사물이 갖는 특징을 분석하는 것을 좋아한다.

49. 빈칸을 주고 어떤 곡을 채워 보라고 하면 박자와 전체 곡의 분위기에 맞게 채울 수 있다.

50. 연기나 춤으로 내가 전하고자 하는 것을 잘 표현할 수 있다.

51. 어떤 문제가 생기면 성급하게 결론을 내리기보다는 여러 가지로 그 원인을 밝히려고 한다.

52. 고장 난 기계나 물건을 잘 고친다.

53. 다른 사람이 하는 말의 핵심을 잘 파악한다.

54. 다른 사람들 앞에서 프레젠테이션이나 연설을 잘한다.

55. 앞으로 어떻게 성공해야 할지에 대해 뚜렷한 신념을 가지고 있다.

56. 환경문제를 해결할 수 있는 방법들을 많이 알고 있다.

〈채점표〉

	A	B	C	D	E	F	G	H
	1	2	3	4	5	6	7	8
	9	10	11	12	13	14	15	16
	17	18	19	20	21	22	23	24
	25	26	27	28	29	30	31	32
	33	34	35	36	37	38	39	40
	41	42	43	44	45	46	47	48
	49	50	51	52	53	54	55	56
합계								

제6장

교육에 대한 사색

교육에 대한 사색

1. 교육의 필요성과 교육

인간에게 교육은 필요한가? 이러한 물음에 대해 생각해 보자. 인간은 모든 동물 가운데 성장의 한계에 가장 늦게 도달한다. 인간은 자립해서 살 수 있는 능력이 가장 모자란 무능한 존재로 태어난다. 인간은 이 무능한 기간이 다른 어느 동물보다도 길다. 인간은 스스로 살아갈 수 있는 능력을 갖추고 태어나지 못했기 때문에 다른 사람의 도움이 없이는 생존할 수 없다. 따라서 인간은 그 길고 무력할 때 다른 사람의 보호와 양육이 필요할 뿐만 아니라 더 인간답게 살아가기 위해서는 일생 어떤 형태로든지 교육이 있어야 하는 존재이다.

인간과 동물의 근본적인 차이는 동물은 커다란 현실성과 극히 작은 가능성을 가지고 태어나는 데 반하여, 인간은 극히 커다란 가능성과 작은 현실성을 가지고 태어나는 데 있다. 이처럼 인간은 다른 동물에 비해 성장 시기가 현저하게 길기는 하지만 무한한 성장 가능성을 소유한 존재라는 본질적 특성 때문에 인간에게만은 교육이 필요하다. 인간은 교육에 의해서만 그 생명을 보존하고 가치를 발휘할 수 있는 존재라는 것은 아베롱(Aveyron)의 야생아에 관한 실험적 사례가 잘 설명해 준다.

교육적인 환경의 중요함은 헬렌 켈러(Helen Keller, 1880~1968)의 사례를 통해서도 생각해 볼 수 있다. 두 살 때 병에 걸려 청각과 시작을 잃었다. 가정교사인 앤 설리번의 지도와 노력으로 극복하고 헬렌 켈러는 세계 각지를 돌아다니며 장애인들을 위한 교육, 사회복지시설의 개선을 위해 앞장섰고, 여성, 노동자 등 소외된 사람들의 인권을 위해 사회운동을 하였다. 설리번과 헬렌이 함께한 초기의 이야기, 즉 헬렌이 정신적, 지적으로 많은 성장을 이룬 시기의 이야기는 「내가 살아온 이야기(The Story of My Life)」에 담겨 있다. 이처럼 후천적인 교육과 경험을 통하지 않고서는 인간다운 발달이 불가능함을 알 수 있다.

한편, 교육이라는 말은 일상적으로 흔히 사용된다. 교육은 단순히 가르치고 배우는 것 이상을 의미하며, 교육이란 말은 관점에 따라 다양한 뜻을 가진다. 교육은 인류의 역사와 더불어 시작했고 인간문화가 있는 곳은 어디나 유형무형의 교육 작용이 존재했다.

우리는 형식적 교육을 통해서 학문적인 지식과 기술에 있어서 전통적인 뜻에서 가르침을 받는 것은 사실이지만, 또한 인간은 태어나면서부터 그 주변을 통해서 학교와는 관계없이 많은 것을 배우는 것도 사실이다. 교육은 학교와 같은 형식적인 교육기관을 통해서 일정한 기간에만 이루어지는 것이 아니라 평생을 통해서 가능한 것이다.

교육이란 무엇인가에 대해 답하는 일은 곧 인간이란 어떤 존재이며, 교육은 인간의 삶에서 어떤 의미가 있느냐는 질문에 답하는 일과 밀접하게 관련되어 있다. 우리의 삶에서 교육이 지닌 중요성을 인식했던 많이 학자들은 교육에 대한 다양한 관점을 제시하였다.

그리스의 철학자 Platon은 교육을 "영원한 이데아의 세계, 즉 진리의 세계로 무지한 인간을 안내하는 과정"이라고 정의하였다. Rousseau(1712~1778)는 「에밀(Emile)」에서 만물은 태어날 때는 모두 선하나 인간에 의해 악하게 되었다는 성선설에 근거하여 인간의 자발자전(自發自展)을 위한 모든 조성 작용이 교육이라고 정의하였다. Kant(1724~1804)는 인간성의 이념을 실현하는 것이 교육이라고 보았다. 프랑스의 사회학자이며 교육학자인 Durkheim(1958~1917)이나 독일의 사회학자인 Mannheim(1893~1947)은 사회의 유지와 개조를 위한 문화 전달의 과정으로, 미국의 철학자이며 교육학자인 Dewey는 끊임없는 경험의 개조과정으로 교육을 정의하였다. 행동주의 학습이론가였던 Skinner는 반복된 경험에 의한 인간 행동의 변화이며, 인본주의 심리학자인 Maslow는 자아실현을 위한 인간 형성의 과정으로 교육을 정의하였다.

동양에서 교육이라는 용어가 처음으로 사용된 것은 「孟子」의 진심편(盡心篇) 상편(上篇) 가운데 孟子有三樂章 속에 나오는 "得天下英材而敎育之三樂也"이다. 여기서 한자의 '敎育'이라는 말의 어의(語意)를 분석해 보면, '敎'란 전통문화, 풍습, 언어를 전수한다는 의미를 담고 있으며, '育'이란 타고난 소질, 품성을 바르게 자랄 수 있도록 보호, 육성한다는 의미를 담고 있다.

교육을 가리키는 영어는 'education(에듀케이션)'과 'pedagogy(페다고지)', 두 가지가 있다. 먼저 education은 라틴어 'educare(에듀케어)'와 'educere(에듀세레)'에서 나온 말인데, 서로 상반되는 의미를 지닌다.

먼저 'educare'는 사회적으로 가치 있는 것을 아동에게 전달하는 '밖으로부터의 교육'이고, 즉, 주입, 훈련 등을 의미한다. 이 경우에 교육이란 교사가 주도하는 사회의 문화와 규범의 전달을 강조하는 내용 중심의 엄격한 과정이 된다.

이와 달리 'educere'는 내적 능력을 밖으로 이끌어 내는 '안으로부터의 교육' 즉 계발, 성장을 의미한다. 여기서 교육이란 타고난 잠재 능력을 계발하는 활동이며, 자발적 참여 의식을 강조하는 아동 중심의 부드러운 과정이 된다.

교육을 가리키는 또 다른 말로 'pedagogy'가 있다. 'pedagogy'는 그리스어 'paidagogos(파이다고고스)'에서 나온 말이다. 그리고 'paidagogos'는 'paidos(파이도스, 아동)'와 'agogos'(아고고스, 지도하다)의 합성어이다. 'paidagogos'는 고대 아테네 사회에서 아동을 지도했던 가정 교사를 가리킨다.

'pedagogy'는 '교육', '교육학', '교수법', '교직', '교육 활동' 등 다양한 의미를 갖는다. 보다 엄밀하게 말해서 'pedagogy'는 '아동 교육'이다. '성인 교육'은 'andragogy(안드라고지)'이다. 'pedagogy'는 성인 교육영역에서도 활용될 수 있다. 좋은 예를 브라질의 교육철학자 프레이리의 저서 "피역압자의 교육"에서 볼 수 있다. 이 책은 성인을 대상으로 문맹퇴치와 의식화를 이끈 교육서이다.

'paideia(파이데이아)' 또한 교육을 지칭한다. 이 말의 구체적 의미는 교양교육이다. 역사적으로 교양교육은 교육의 중심이었다. 서양에서 교양교육을 위한 대표적인 교과는 '7자유과(seven liberal arts)'였다. 7자유과란 3학(문법, 수사학, 논리학)과 4과(기하학, 수학, 천문학, 음악)을 포함한다. 이들 교양 교과는 고대 그리스부터 근세까지 중등 교육 및 고등교육에서 학문의 중심이었다. 이는 직업교육과 대조를 이룬다. 7자유과를 중요시한 것은 인간의 본성이 이성을 계발하는데 효과적이라는 믿음과 기대가 지속되었기 때문이다.

따라서 교육이라는 말은 어원으로 볼 때 가치 있는 무엇인가를 미성숙한 아동에게 전수하거나 전달한다는 의미와 더불어 아동이 내재적으로 가지고 있는 잠재능력을 계발하여 다듬고, 완성해 나가는 활동이라는 의미를 담고 있다.

현재까지 내려진 교육에 대한 정의를 크게 세 가지로 정리해 보면 기능적 정의, 규범적 정의, 조작적 정의 등이 있다. 이는 교육을 무엇을 위한 수단으로 규정하는 기능적 정의, 교육을 그 궁극적 목적과 결부시켜 규정하는 규범적 정의, 교육을 실제 요인과 활동의 견지에서 규정하는 조작적 정의이다.

교육의 기능적 정의(functional definition)는 교육을 무엇을 위한 수단으로 규정하려는 입장이다. 교육이 이바지해야 할 대상을 국가 사회로 보느냐, 정치로 보느냐, 경제로 정하느냐, 사회문화로 정하느냐, 종교로 보느냐, 인간 자신으로 정하느냐 등에 따라 수많은 기능적 정의가 가능하다. 예를 들면 '교육은 국가 사회발전을 위한 수단이다', '교육은 경제발전에 필요한 수단이다', '교육은 사회문화의 계승 및 발전의 수단이다', '교육은 신의 뜻을 실현하는 수단이다', '교육은 개인의 사회적 출세를 위한 수단이다'라고 정의하는 것이다. 이러한 기능적 정의는 교육의 도구적 가치를 중시하는 입장이다.

교육의 규범적 정의(normative definition)는 교육을 궁극적 목적과 결부시켜 규정하는 것이다. 이 정의는 교육이 외재적 가치를 실현하기 위한 수단이 아니라 내재적 가치를 실현하는 과정임을 강조한다. 즉 교육은 그 자체로서 가치 있는 무엇인가를 실현해 가는 과정이라는 것이다. 예를 들면 '교육은 인격 완성 및 자아실현의 과정이다', '교육은 민주적 시민이 갖추어야 할 자질을 함양하는 과정이다', '교육은 영원한 진리나 가치에로의 접근 과정이다' 등이 여기에 속한다. 교육에 대한 규범적 정의는 교육의 가치실현을 위한 교육 자체의 발전에 더 비중을 두는 입장이다.

조작적 정의(operational definition)는 교육을 기술적(記述的) 또는 조작적 입장에서 정의하는 것이다. 예를 들면 '교육은 인간행동 특성을 계획적으로 변화시키는 과정'이라고 정의한다. 이란 말은 우리가 사용하는 말 가운데서 가장 많이 쓰이는 용어 중의 하나일 것이다.

교육에 대한 기본 전제로서 첫째, 인간에 대한 신념이 최우선 조건이 된다. 인간에 대한 깊은 믿음은 여러 측면에서 생각할 수 있으나 그중에서도 인간의 존엄성에 대한 신념, 인간의 주체성에 대한 신념, 인간의 성장 가능성에 대한 신념, 그리고 인간의 과학적 이해 가능성에 대한 신념은 교육을 성립시키는 대전제가 되는 신념들이다.

① 인간의 존엄성은 자유민주주의의 기본신념이다. 이 신념이 전제되지 않는 한 자유민주주의 사회는 성립되지 않는다. 부나 권력은 인간을 위하여 필요한 것

이지만, 인간의 존엄성을 전제로 할 때 가치로운 것이다. 그러므로 인간 사회에서 인간들이 노력하는 부, 권력 등의 그 어떤 대상도 어디까지나 인간을 목적으로 하여 있는 것에 지나지 않는다. 교육도 마찬가지이다. 예를 들면 과학기술교육을 강화하는 목적은 과학기술의 발전을 통하여 보다 질 높은 인간의 삶을 영위하기 위함에 있다. 이러한 인간의 존엄성에 대한 신념은 인간의 능력이나 지위에 초점을 두는 것이 아니고 모든 인간 그 자체가 존엄하다는 것이다.

② 인간의 주체성에 대한 믿음은 인간이 자연환경을 움직이고 개조할 수 있으며, 그것에 따라서 자신의 운명을 스스로 결정할 수 있다는 믿음이며, 따라서 인류의 역사는 인간이 결정할 수 있다는 신념을 포함하는 것이다. 인간이 자연에 도전하여 자연을 극복할 수 있는 주체라는 전제가 성립될 때 교육이 가능한 것이다.

③ 인간의 성장 가능성에 대한 믿음이다. 교육은 인간의 성장 가능성이 풍부하다는 전제 아래 성립된다. 인간의 성장은 생후의 경험이나 환경에 따라 변화한다는 가능성에 대한 인식은 인간의 잠재능력이 풍부함을 의미하는 것이다.

④ 인간의 과학적 이해 가능성에 대한 믿음은 인간 자신도 과학적 이해의 대상이 될 수 있다는 것이다. 이 신념에 대해 일부에서는 반론을 제기하기도 한다. 그 이유는 인간은 과학만으로는 완전히 이해될 수 없다는 것이다. 그러므로 인간의 과학적 이해 가능성에 대한 신념은 교육 실제에서 인간의 과학적 이해가 꼭 필요하다는 것을 의미하는 것으로 해석되어야 한다. 또한 인간을 물건처럼 과학적으로 연구하는 것은 인간의 존엄성을 깨뜨린다는 것이다. 그러나 의학의 시조인 하아비(W. Harvey)가 인간생리에 관한 과학적 연구를 위해 숨어서 인체해부를 한 일, 프로이트(S. Freud)가 신경증, 정신병의 수많은 사례를 토대로 새로운 이론을 발표한 일 등은 결국 인간을 무지로부터 구해냄으로써 인간의 존엄성을 높이는 결과를 가져왔다. 인간현상은 복잡하고 신비롭고 오묘해서 과학적으로 알 수 있는 대상이 아니라는 주장도 있다. 그러나 인간을 과학적으로 알지 못하면 올바른 교육은 기대할 수 없을 것이다.

둘째, 변화에 대한 신념이다. 교육은 인간이 변화한다는 신념을 전제로 하여 성립될 수 있다. 인간을 변화시킬 수 없다면 교육은 성립될 수 없는 것이다. 이 변화할 수 있다는 전제는 변화 자체가 발전적일 수도 있고 퇴보적일 수도 있다는 것을 예상해야 하고, 그렇기 때문에 변화라는 신념의 전제는 발전적이고 진보적인 변화만을 의미해야 한다는 뜻이다. 따라서 교육은 인간과 사회를 긍정적, 발전적, 진보적으로 변화시킬 수 있다는 전제하에서만 성립하는 것이다.

셋째, 계획에 대한 신념이다. 어떻게 변화시킬 것이며 어떤 방법으로 변화시킬 것인가를 의미하는 것이 계획성이다. 계획적이라는 말의 의미는 다음과 같은 관점으로 고찰해 볼 수 있다. ① 계획적이라는 개념 속에는 교사가 기르고자 하는 인간의 행동 특성에 대한 명확한 목적의식을 갖고 있다는 것이 전제되어야 한다. ② 이 행동 특성은 변화한다는 명확한 이론과 경험적 실증의 뒷받침이 있는 것을 뜻한다. 이러한 특징은 교육이 과학적인 패러다임 속에서 이론과 경험적 실증의 체계화를 이루어야 한다는 것이다.

교육의 3요소는 의도적인 교육활동이 이루어지기 위하여 필요한 요건이다. 교육의 3요소는 교육의 주체인 교사, 객체인 학생, 매개체인 교재를 말한다. 교사는 교육의 주체로서 학생의 학습활동을 계획하고 지도하는 역할을 하는 사람이다. 미성숙한 학습자의 올바른 인도자, 안내자요, 학습자의 잠재력을 최대한 키워주고 도와주는 촉진자 및 조언자로서 책임과 기능을 가지고 있다.

학생은 교육의 객체이며 대상이지만 그는 단순한 수동적 위치에 있는 것이 아니라 스스로 타고난 천부의 가능성과 잠재력을 능동적으로 실현해 가는 학습의 적극적인 주체자이다. 인간으로서 모든 학습자는 전인적 인간으로서의 공통점이 존중되어야 한다. 개인차를 인정해야 한다. 교육내용(교재)은 가치 있다고 인정되는 인류의 문화유산과 생활경험이다.

이와 같이 교육이란 무엇인가에 대한 여러 관점과 교사가 교육을 함에 있어서 반드시 필요한 몇 가지 신념, 혹은 태도에 대해 살펴보았다. 다음은 「장자」 외편 중 천도(天道)에 나오는 윤편(輪扁)의 일화이다. 이를 통해서 교육이란 무엇인가를 다시 한번 생각해 볼 필요가 있을 것이다.

제나라 환공이 서재에서 책을 읽고 있었다.

윤편(輪扁, 수레바퀴 제작 기술자란 뜻)은 그 마당에서 수레바퀴를 깎고 있었다. 일을 하다 무료하였는지 윤편은 망치와 끌을 놓고 환공에게 물었다.

"감히 묻겠습니다. 공께서 읽고 계신 것은 무슨 말씀입니까?"

공이 말했다.

"성인의 말씀이요."

윤편이 말했다.

"성인은 살아계십니까?"

공이 말했다.

"이미 돌아가셨소."

윤편이 말했다.

"그렇다면, 왕이 읽고 있는 것은 옛사람의 찌꺼기 같은 것일 뿐입니다."

환공은 노기를 띠고 말했다.

"과인이 읽는 책을 바퀴 깎는 사람이 어째서 시비를 거는가? 감히 임금의 독서를 평가하다니…. 타당하면 참겠지만, 타당하지 않으면 너는 죽을 것이다."

윤편이 말했다.

"저는 제가 하는 일로써 그것을 봅니다. 바퀴를 너무 많이 깎으면 헐거워 빠져버리고 덜 깎으면 빡빡하여 들어가지 않습니다. 바싹 깎는 것과 덜 깎는 것은 손으로 익혀서 마음으로 느끼는 것이기에 말로써 설명할 수 없습니다."

"정확하게 바퀴를 깎는 것을 저는 자식에게 설명만으로 깨우쳐줄 수 없고 자식 또한 저에게 물려받을 수 없습니다. 이런 까닭으로 일흔이 되어 늙도록 바퀴를 깎고 있습니다."

"그처럼 옛사람도 진리를 전하지 못한 채로 죽었을 것입니다. 그러니 왕이 읽는 것은 옛사람의 찌꺼기 같은 것일 뿐입니다."

「장자」의 13장 13절 앞부분에서 장자는 이러한 윤편의 일화를 거론한 이유에 대해 다음과 같이 스스로 설명하고 있다. 세상에서 도를 얻기 위해 소중히 여기는 것은 책이다. 책은 말을 늘어놓는 것에 지나지 않으며 말은 소중한 데가 있다. 말이 소중하게 여겨지는 것은 뜻 때문이다. 뜻에는 가리키는 바가 있다. 뜻이 가리키는 것을 말로는 전할 수 없다. 윤편이 자식에게 자신의 바퀴 만드는 기술을 물려주지 못하는 까닭은 그 기술은 손 자체에 있으며 그 기술을 처리하는 자신만의 솜씨를 말이나 글로 옮길 수 없기 때문이다. 그것은 오로지 스스로 그 일과 대면하여 실력을 쌓아가는 수밖에 없다.

2. 교육자의 자질과 역할

교직은 우리 사회에서 중요하고 전문적인 직업 중의 하나이다. 그만큼 개인적으로나 사회적으로 많은 책임과 의무가 뒤따른다. 우리는 교사의 역할을 단순히 알고 있는 지식을 전달하는 것으로 잘못 인식하고 있다. 그러나 교사란 학생들에게 지식만을 전달하는 것이 아니라 학생이 사회의 일원으로서 성장하도록 모든 정신적인 면까지도 지도해 주는 직업이다. 즉 학생들의 생각과 사상형성의 길잡이라 할 수 있다. 교사의 모든 행동과 말 하나하나가 모두 학생들에게 큰 영향을 준다. 그러므로 교사는 항상 신중히 행동하고 깊이 생각하고 말해야 한다. 또한 교사가 학생을 잘못 이끌어 나가면 그 여파는 개인적으로 뿐만 아니라 사회적으로도 큰 문제가 된다는 것을 명심해야 할 것이다. 우리는 좀 더 올바른 교사의 모습과 역할에 대해 관심을 가져야 한다.

유치원, 초등학교, 중고등학교와 같은 교육기관의 평가 기준은 화려한 건물이나 최신의 교육기자재가 아니다. 각 교육기관에서 얼마나 우수한 교사를 확보하고 있는가에 따라서 교육의 질이 달라진다. 즉 교육의 질은 교사의 질 이상도 이하도 아니라는 말이다. 한 국가의 교육수준을 판단하는 기준도 마찬가지이다. 교사들이 사명감을 가지고 한평생 연구하는 자세로 학생들에게 헌신하는 모습을 보여야 국가의 교육수준이 높이 평가되는 것이다.

오늘날 컴퓨터를 활용하는 교육환경이 아무리 급속하게 변화해도 교육의 핵심은 교사이다. 교사의 역할은 학생들에게 기술, 정보, 지식만 기계적으로 전달하는 것이 아니다. 한 인간의 전인교육을 책임지고 있는 것이 교사이기 때문에 더욱더 교사의 중요성을 실감하게 되는 것이다. 아동과 학생이 학교에서 어떠한 유형의 교사를 만나느냐에 따라서 한 인간의 삶이 전적으로 달라진 예를 많이 볼 수 있다. 따라서 교사는 아동과 학생들의 모든 영역에서 거울과 같은 존재임을 명심해야 한다.

교사란 다른 사람들이 새롭고 다양한 방법으로 배우고 행동하는 것을 도와주는데 책임 있는 사람이라고 말할 수 있다. '교사'라는 용어는 다른 사람이 배우고 행동하는 것을 돕는데 있어서 기본적으로 전문적, 또는 직업적인 사람을 말한다.

교육자에게 필요한 자질은 어떤 것이 있을까 생각해 보자. 교육학자들은 다음과 같은 자질을 제시하였다.

1 전공영역의 수월성

교사는 자기가 전공한 영역에 대한 전문가적인 지식과 기술을 가지고 있어야 한다. 즉 교사는 자기 전공과목에서 세계 최고의 수준에 이르는 학문적 권위를 가지고 있어야 한다. 예를 들어 자기의 전공영역에서 최고 수준의 자리를 확보하지 못하면 교사로서 존재 의미가 없어지게 되는 것이다. 전공영역의 수월성을 확보한 사람은 어떤 내용이 핵심적이며 주변적인 내용인지를 파악하고 있는 교사이다. 따라서 교사는 한평생 연구하는 자세가 필요하다.

2 교수방법에 대한 지식의 획득

교사는 교과 내용을 학생들에게 쉽게 예를 들어서 전달해야 한다. 즉 교과 내용을 실제 생활과 접목하여 이해하게 하고 활용할 수 있도록 해야 한다. 우리 주위에는 너무 어렵게 가르치는 교사를 가끔 볼 수 있으며 책을 그냥 읽어가는 교사도 있다. 쉬운 예를 들어 설명하지 못하는 경우도 있다. 가르치는 방법에 대한 지식을 획득하는 방법은 항상 노력하고 자기의 교수방법을 개선하기 위한 반성의 시간을 갖는 태도라고 할 수 있다. 교사는 종합예술가로서 자기 스스로 강의의 목적과 내용, 방법, 평가에 대한 책임을 져야 하는 사람이다. 또한 교육학 전반에 걸친 인간 행동의 다양한 심리적 발달 특징들도 알고 있어야 효과적으로 교과 내용을 가르칠 수 있는 것이다.

3 소명의식

성직자들이 하나님께 부름을 받았다는 소명의식을 갖는 것과 같이 교사는 교직으로부터 부름을 받았다는 소명의식을 가져야 한다. 따라서 교사는 성직자와 같은 자세로 사랑과 봉사 그리고 희생을 통하여 교육활동에 전념해야 한다.

오천석은 교사들이 소명의식을 가져야 함을 다음과 같이 말하고 있다. "교사의 임무는 단순한 직업이나 노동이 아니다. 그에게 소명감을 주는 비전과 헌신에 의하여 인식되어야 한다. 비전과 헌신을 속성으로 하는 소명감이 있으며 교사는 산 스승이 될 수 있고 어린이의 영적 성장을 돕는 참된 교육자가 될 수 있는 것이다." 이 글은 교사들이 소명의식을 가지고 있어야 미래에 대한 비전을 가지고 학생들을 지도할 수 있다는 것을 강조하고 있는 것이다.

4 학생에 대한 사랑과 봉사 정신

교사는 자기 자신을 사랑하는 사람인 동시에 학생들을 사랑하고 이해하는 사람이다. 모든 학생들을 똑같이 사랑하고 칭찬하며 격려해야 한다. 소위 성적 좋은 학생들은 칭찬하고 그렇지 못한 학생들은 미워해서는 안 된다. 오히려 이런 학생들에 대한 사랑과 책임감을 더욱 느껴야 한다.

5 실천하는 교사

교사는 자신이 가르친 것들을 실천해야 한다. 교육학에서 제시하는 어떠한 이론보다 실천하는 모범을 보이는 것이 가장 좋은 교수방법인 것이다. 예를 들어 '인간을 존중하라'고 가르쳤다면 자기 자신이 먼저 모든 학생들을 존중하는 삶을 살아야 한다. 즉 인간존중의 원리에 따라 살아가는 교사는 학생들의 능력, 환경, 삶의 목적을 존중해야 하며 동시에 그들 스스로 결정하고 판단할 수 있는 존재로 인정해야 한다. 또한 '정직하게 살아가라'고 가르쳤으면 교사 자신이 한평생 정직하게 살아가도록 노력해야 한다.

교사의 역할에 대한 연구는 다양하지만 여기서는 리들(E. Reedle)과 바텐버그(W. Wattenberg), 그리고 페스탈로치(Pestalozzi)가 제시한 교사의 역할을 간략하게 소개하고자 한다.

6 사회 대표자로서의 교사

교사는 학생들이 그 사회에서 요구하는 바람직한 가치관, 신념, 태도, 규범 등을 내재화시켜 가는 사회화 과정에서 그들의 삶의 양식을 대표하는 위치에 서게 된다. 특히 교사의 언행은 학생들의 사회화에 모델이 될 수 있기 때문에 스스로 삶의 태도를 반성하며 살아가야 한다. 잠재적 교육과정의 중요성이 바로 여기에 있는 것이다.

7 평가자로서의 교사

학생들의 성적평가, 행동 평가, 수상 대상자를 결정하는 일, 처벌의 결정과 같은 일은 객관적인 교사의 평가가 요구된다. 교사의 판단과 평가는 학생들의 긍정적 자아개념의 형성과 교수학습상황에 영향을 미친다.

8 지식자원으로서의 교사

학생들에게 필요한 지식을 제공하는 것은 교사의 중요한 임무이다. 훌륭한 교사는 학생들의 수준에 맞게 교수 내용을 조직해서 전달함으로써 학생의 지적 호기심을 충족시킨다. 학생들은 지적 호기심에 불을 붙여주는 살아있는 교과서의 역할을 교사에게 기대한다.

9 학습 과정의 조력자로서의 교사

교사는 학생들이 주어진 과제를 학습하는 과정에서 어려운 문제에 직면하게 될 때 학생들 스스로 중요한 지식을 이해하고 새로운 지식을 찾아내며 배운 지식을 적용하여 새로운 문제를 해결할 수 있도록 조력자의 역할을 해야 한다.

10 판단자로서의 교사

교사는 학급 내에서 학생들의 의견이 일치하지 않거나 갈등·대립하는 현상이 있을 때 가장 만족스럽고 합리적인 방법으로 문제를 해결해 주어야 한다. 이때 교사의 공정성 여부가 교사의 권위에 영향을 줄 수 있다.

11 훈육자로서의 교사

학생 중에는 학습활동에 방해가 되고 학급집단의 공동목표달성에 지장을 초래하는 학생이 있다. 이때 교사는 학생들의 질서를 유지하기 위해 민주적인 훈육을 통하여 학생들의 잘못된 행동을 수정해 주어야 한다.

12 동일시 대상으로서의 교사

동일시는 학생들의 인성 발달뿐만 아니라 학업성취에도 영향을 준다. 학교에서 학생들의 중요한 동일시 대상은 교사이다. 따라서 교사의 여러 가지 행동 특성은 학생들에 의해서 잘 모방된다. 예를 들면 존경하는 교사의 말투, 필체, 인생관, 가치관 등이 동일시의 대상이 될 수 있다.

13 불안 제거자로서의 교사

다양한 발달과정에서 학생들은 여러 가지 불안을 경험하게 된다. 학생들은 아직도 무력하기 때문에 발달과업을 달성하는 데 여러 가지의 불안이 있다. 교사는 일관성 있는 태도로 학생들의 불안을 제거해 주는 역할을 수행해야 한다.

14 자아 옹호자로서의 교사

성장 과정에 있는 학생들은 흔히 자신감을 상실하여 스스로 열등의식에 빠져 자포자기하는 경우가 있다. 이때 교사는 학생들에게 성취감을 맛보게 하고 적절한 강화를 통하여 긍정적인 자아개념을 형성할 수 있도록 도와주어야 한다. 긍정적인 자아개념의 형성은 학생 스스로를 존중하는 삶의 태도를 가지게 하여 자신감을 회복하도록 해 준다.

15 집단지도자로서의 교사

교사는 담당하고 있는 학급의 지도자로서 민주적 지도성을 발휘하여 학생들의 사기를 높이고 학습 응집력을 길러 줄 필요성이 있다.

16 부모 대행인으로서 교사

교사는 부모 대신의 역할을 할 때도 있다. 특히 초등학교 저학년인 경우 교사를 가정의 부모로 생각한다. 그러므로 교사들은 친자식과 같은 양육태도를 가지고 교육해야 한다.

17 적대 감정의 표출 대상으로서의 교사

성장 과정에 있는 학생들이 사춘기 또는 청년기를 지날 때 기성 사회의 문화와 권위에 도전하면서 적대감을 표출한다. 학생들에 의한 적대 감정의 표출대상자가 교사일 수 있는데, 이는 기성세대에 대한 일반적인 감정을 교사에게 표현하는 것이다.

18 친구로서의 교사

학생들이 가장 좋아하는 유형 중 하나가 바로 친구 같은 교사이다. 학생들은 친한 친구처럼 대화하고 싶고 자기의 마음을 털어놓고 싶은 교사를 원한다.

바람직한 교사상에 대한 연구는 여러 가지가 있지만 여기서는 하트(Hart)와 퀸틸니아누스(Quintilianus), 페스탈로치의 교사상을 소개하고자 한다.

① 하트의 이상적 교사상
- 교과를 분명하고 철저하게 설명하며 실례를 잘 들어주는 교사
- 명랑하며 온후하고 유머 감각이 있으며 농담을 할 줄 아는 교사
- 학습집단의 일원으로서 인간적이고 친절하며 동료의식을 가진 교사
- 학습자에게 관심을 가지고 이해하려는 교사
- 학습을 재미있게 이끌고 학습의욕을 북돋아 주어 학습활동을 즐겁게 하도록 하는 교사
- 엄정하고 존경심이 드는 교사
- 공평하고 편애가 없으며 신용이 있는 교사
- 무뚝뚝하지 않고 괴팍하지 않으며 잔소리, 빈정거림, 비꼬는 일이 없는 교사
- 사람을 좋아하고 인간적 친화성이 있는 교사

② 퀸틸니아누스의 이상적 교사상
- 교사는 아동에게 친자녀와 같은 마음으로 임해야 한다.
- 교사는 자신의 악덕은 물론 다른 사람의 악덕을 용서해서는 안 된다.
- 교사의 태도가 너무 엄격해서는 안 된다.
- 교사는 분노의 정을 갖지 않아야 한다.
- 교사법은 쉬워야 하고 근로에는 인내성이 있어야 한다.
- 질문을 받았을 때는 신속하게 응답해야 하고 질문이 없을 때는 물어봐야 한다.
- 아동의 성적에 대해서는 칭찬을 해 주어야 한다. 그러나 너무 과도해서는 안 된다.
- 교정을 해줄 때는 비난을 해서는 안 된다.
- 교사는 아동에게 오래 간직할 것만을 이야기해 주어야 한다.

- 교사는 가끔 선하고 존경받을 만한 것들에 대해 물어봐야 한다.

③ 페스탈로치의 교사 역할론
- 학생들에게 진리와 개성과 장래의 꿈을 위해 격려를 해주는 교사
- 정신적 문화유산을 체계화시켜 학생들에게 계승시키는 교사
- 미래의 이상사회의 설계도를 그리는 교사
- 문화에 대한 애착심이 강한 교사
- 학생들의 꿈을 가꾸는 교사
- 학생과 공생공존하며 사제동행의 사랑을 실천하는 교사

교육자는 인간을 인간답게 교육하는 일이 주된 일이기 때문에 교육자는 각자 교육에 관한 명확한 자신의 철학적 관점을 가지고 있어야 한다. 교육자는 왜 다양한 철학적 관점에 대하여 연구하고 공부해야 하는가?

첫째, 문제의 성격을 분명하게 정리할 수 있기 때문이다.

둘째, 교육 문제 해결을 위하여 다양한 철학적 사고를 탐구함으로써 교육자는 다양한 해결방안을 제안할 수 있다는 점이다.

셋째, 교육에 관한 다양한 철학적 관점을 탐구함으로써 교육에 관한 교육자 자신의 사고와 신념을 명확하게 한다.

읽고 생각해 보세요
[출처: 유시주(역)(2000). 선생님. 푸른나무]

"눈높이 맞추기"

호주의 노스 퀸즐랜드에서 교육 상담가로 일할 때였다. 나는 종종 특별한 문제에 봉착한 현직 교사들을 도우러 가곤 했다. 그중에서 원주민 아이들에게 수학을 가르치느라 애를 먹고 있던 2년차 선생님이 나에게 도움을 청했을 때의 일을 각별한 기억으로 간직하고 있다.

먼지 이는 먼 길을 달려서 나는 그 학교에 도착했다. 그리고 담임선생님과, 아이들이 대체 수학의 어떤 개념을 이해하지 못하는지 이야기를 나누었다.

그녀는 꽤 긴 시간 동안 자신이 처한 상황을 설명했는데, 그 설명이란 것이 다소 모호했다.

"아이들이 도무지 이해를 못해요."

나는 상황을 제대로 파악하기 위해 구체적으로 물었다.

"아이들이 이해하지 못하는 것이 어떤 건지 구체적인 예를 들어보세요."

"그러죠, 우리가 쓰는 수학 교사 지침서에는 학생들이 대상들을 분류할 수 있어야 한다고 되어 있잖아요. 그래서 저는 얼마 전에 색깔 있는 블록들을 가져다가 아이들에게 형태와 크기, 색깔에 따라 그걸 분류하는 법을 가르쳤죠. 당신도 그 과정을 아시잖아요."

이렇게 말하고 그녀는 한숨을 내쉬었다. 나는 재차 물었다.

"그래서 어떻게 되었는데요?"

"글쎄, 그리고는 아이들에게 해보라고 시켰죠. 그랬는데 아이들이 도무지 이해를 못하는 거예요. 블록들을 하나씩 일일이 구분해 놓는 거예요. 그래서 수업은 엉망이 돼 버렸죠. 하도 황당해서 아이들한테 막 소리를 지르고는 수업을 끝냈다니까요."

"좋아요. 그러면 교실로 가서 이번에는 좀 다른 방법으로 수업을 시도해 봅시다."

나는 이렇게 말하고 그녀를 따라 교실로 들어갔다. 마침 쉬는 시간이 끝나고 아이들이 교실로 돌아오고 있었다. 아이들은 꽃처럼 환한 웃음을 짓고 있었고, 정이 많아 보였다. 아이들은 나를 보더니 내가 누구인지, 왜 온 건지 알고 싶어 했다. 나는 아이들의 궁금증을 풀어 주고 나서, 밖으로 나가 몇 가지 물건들을 모아서 돌아오자고 말했다.

우리는 모두 밝은 햇빛 속으로 걸어 나갔다. 나는 물통을 갖다 놓고는 아이들에게 뜰에 자라고 있는 것들을 모아 오라고 시켰다, 물통은 금방 갖가지 잎사귀와 풀, 꽃들로 가득 찼다.

우리는 교실로 돌아와 둥글게 모여 앉았다. 나는 그 한가운데에다가 물통에 담긴 것들을 꺼내 놓았다.

"자, 이것들을 한번 구분해 보자."

그렇게 말하면서 나는 잎사귀는 잎사귀대로, 풀은 풀대로, 꽃은 꽃대로 각각 나누어 놓았다. 그러고 나서 다시 아이들에게 물었다.

"이렇게 세 가지로 나누어 놓은 것이 보이지? 내가 왜 이렇게 나누어 놓았을까?"

20쌍의 눈동자들은 나를 꿰뚫을 듯 쳐다보았다. 한동안 침묵이 흘렀다. 그때 조셉이 천천히 손을 들어 올렸다.

"아무 이유도 없는 것 같아요. 왜냐하면 저것들은 모두 자라는 것들이니까요. 저렇게 나누어 놓는 게 무슨 의미가 있겠어요."

나도 담임선생님이 느낀 것과 같은 황당함과 좌절감을 느끼기 시작했다. 그녀에게로 눈길을 돌리자 담임선생님은 '그것 보세요. 제가 뭐라고 했어요.'하는 표정을 짓고 있었다.

이제 어떻게 해야 하나를 생각하느라 내 머리는 쥐가 날 지경이었다. 그때 내가 무척 존경하던 스승이 예전에 내게 해준 말이 떠올랐다.

"만약 교사가 학생들을 가르칠 수 없다면, 학생들에게 교사를 가르치게 해보라."

나는 나누어 놓았던 풀들을 한군데로 다시 모아 놓고 아이들에게 말했다.

"좋아. 우리 게임을 한 번 해 보자. 이것들을 같은 식구별로 한 번 나누어 봐. 그러면 내가 어떻게 나누어 놓은 건지 알아맞혀 볼게."

그다음에 일어난 일을 나는 결코 잊지 못할 것이다.

스무 명의 아이들은 서로 한마디 말도 나누지 않았다. 그러나 아이들은 말을 하지 않고도 의사소통을 할 줄 아는 신통력을 가지고 있었음에 틀림없다. 조용한 가운데, 스무 명의 아이들은 한 3분 동안 그것들을 이리저리 섞고 옮기더니 내 뒤로 와서 앉았다. 그리고 기대에 가득 찬 눈빛으로 나를 쳐다보았다. 아이들이 마루 위에다 셋으로 나누어 놓은 무더기를 바라보았지만 왜 그렇게 나누어 놓았는지 나는 그 이유를 전혀 알 수가 없었다. 생각할 수 있는 외면적 속성들, 이를테면 색, 크기, 모양을 부지런히 머릿속에 떠올려 보았지만, 그 어느 것도 들어맞는 것이 없었다. 나는 혼란스럽고 의기소침해져서 아이들을 바라보며 말했다.

"왜 이렇게 나누어 놓았는지 도무지 알 수가 없구나. 미안하지만 말해 줄 수 없니? 제니스, 어때? 네가 말해 볼래?"

"아주 쉬워요, 선생님. 이것들을 봐요. 이것들은 정말 냄새가 독한 것들이에요."

그러면서 아이는 가장 가까이에 있는 무더기를 손으로 가리켰다.

"그리고 여기 있는 것들은요, 냄새가 조금 약한 것들이고요. 저기 나머지는 냄새가 전혀 안 나는 것들이에요."

머릿속에 불이 번쩍하는 것 같았다. 나는 아이들이 다른 기준으로도 그렇게 나눌 수 있는지 보고 싶었다.

"좋아. 정말 잘했어. 그런데 이것 말고 다른 방법으로 이것들을 나눌 수는 없을까?"

그러자 스무 명의 아이들은 일제히 끄덕여 보였다. 다시 3분 동안 그것들을 부산스럽게 이리저리 섞고, 옮기더니, 모두 나를 쳐다보면서 웃었다. 그 웃음 속에는 아무리 애를 써도 알아맞힐 수 없을 거라는 뜻이 담겨져 있는 것 같았다.

나는 조금 생각해 보다가 포기하고 말았다. 그리고 왜 그렇게 나누었는지 설명해 달라고 아이들에게 부탁했다.

그러자 조셉은 이렇게 말했다.

"선생님, 이거는요, 우기가 되면 먼저 싹을 틔우는 것들이고요, 저거는요, 나중에 비가 아주 많이 내릴 때 나오는 것들이에요."

나는 아이들과 분류 연습을 대여섯 번 정도 더 해 보았다. 그때마다 아이들은 자신들이 고도로 발달한 분류 기술을 가지고 있음을 보여 주었다. 그리고 그 분류 기술은 나의 생활 방식이 아니라 그들 자신의 생활 방식과 깊은 관련을 맺고 있는 것들이었다. 나는 아이들에게 다른 방식으로 생각해 볼 기회를 주는 것이 얼마나 중요한지 깨달았다.

그 아이들은 전혀 다른 인식 방법 — 사물을 바라보는 전혀 새로운 방법 — 도 있을 수 있다는 것을, 그리고 우리는 모름지기 그 모든 가능성을 향해 마음을 열어 놓아야 한다는 것을 가르쳐 주었다, 또한 그들은, 교사라면, 언제라도 배울 자세를 갖추고 있어야 한다는 것을 가르쳐 주었다. 이 두 가지 가르침이야말로 교육자로서 내가 걸어갈 길을 밝혀 주고 이끌어 준 소중한 가르침이었다.

제7장

인간사회에 대한 사색

인간사회에 대한 사색

1. 인간과 사회

　사회는 개인들의 조직화 된 집단으로서 그 구성원들 간의 지속성 있는 결속과 상호의존성을 유지하면서 고도의 자율성을 가지는 조직 형태이다. 사회는 역할을 나누고 사회구성원들에게 역할을 부여해야 한다. 오늘날 개인의 역할 문제는 교육뿐만 아니라 경제 및 사회 전체의 계획과 밀접한 관계가 있지만 결정적인 요인이 교육이라는 사실을 인식할 필요가 있다. 사회는 구성원을 위해서 의사소통의 수단을 마련해 주어야 한다. 사회는 인지적 경험과 지향(orientation)을 공유하도록 해야 한다. 사회는 이상과 목적을 확립해야 한다. 사회는 사회통제의 기준과 규칙을 분명히 제시해주어야 한다. 사회는 사회구성원을 사회화한다. 사회는 사회구성원들에게 경제적으로 필요한 기본적인 조건을 마련해 주어야 한다.

　사회화(socialization)는 한 인간이 자기가 속해 있는 사회의 행동양식, 가치관, 신념, 태도, 규범 등을 내면화하여 그 사회의 구성원이 되어 가는 과정을 말한다. 이러한 사회화는 개인과 사회의 상호작용의 과정이며 한평생을 통하여 계속되는 것이다.

　사회화의 대표적인 기관으로 가정, 학교, 대중매체, 지역사회 등을 들 수 있다. 가정은 일차적인 사회화의 장이며 일반적인 사회화 형태의 모방이기 때문에 가족구성원들은 자녀들이 그들의 행동양식을 모방한다는 것을 인식하고 언행에 모범을 보여야 한다. 그리고 가정의 구조와 형태, 역할관계 등도 자녀들의 행동특성에 많은 영

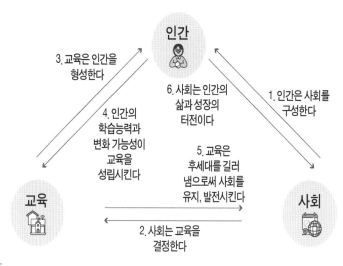

그림 7-1 인간, 사회, 교육의 관계

향을 미친다. 인간과 사회와 교육과의 관계는 [그림 7-1]과 같다.

사회는 여러 가지 제도를 가지고 있다. 교육도 사회제도의 하나이다. 여기서는 교육의 사회적 기능을 다음과 살펴보았다.

교육이 갖는 가장 중요한 사회적 기능은 문화 전승 및 사회통합기능이다. 공인된 사고와 행동, 생활양식과 지식, 기술을 포함하는 문화 전승을 위한 교육의 공동작용 없이는 공동생활의 유지와 통합이 불가능하다는 점에서 문화 전승 기능은 가장 기본적이고 일차적인 교육의 기능이라고 할 수 있다. 학교 교육을 통한 사회통합기능은 학교 수업을 중심으로 한 정치적 사회화를 통해 심층적인 의식구조의 변화를 가져오는 데 의의가 있다.

교육은 사회혁신 기능을 한다. 사회화, 사회적응, 사회 유지 및 통합기능과 같은 보수적 기능만을 담당하는 것이 아니라 사회를 변화시키고 더 나아가 더욱 바람직한 방향으로 개선, 발전시키는 능동적이며 진보적이고, 혁신적인 기능을 담당하기도 한다. 사회변화는 사회구성원의 의식, 가치관, 태도 등을 포함하는 사고 및 행동양식의 변화를 통해서 이루어진다.

교육은 사회이동기능을 한다. 사회이동은 사회계층 이동과 같은 종적·수직적 이동과 직종이나 지역적 이동과 같은 횡적·수평적 이동이 있다. 현대사회는 귀속적 지위보다 업적 지위를 더 중요하게 요구하기 때문에 개인의 학업성적, 전문적 지식 및 기술을 가정 배경, 종교, 인종, 성별보다 더 중요하게 간주한다. 특히, 한국과 같이 학력을 중시하는 사회풍토에서는 학교 교육을 많이 받아야 하위계층에 속하는 직업에서 상위계층에 속하는 직업으로 상승 이동할 가능성이 커진다.

사회이동이란 사회적 위계 체제 속에서 한 개인이나 집단이 어떤 사회적 지위로부터 다른 사회적 지위로 이동하는 것을 뜻한다. 사회이동의 기준은 주로 부모가 속해있던 계층이 된다. 직업은 그 유형과 전문성의 수준에 따라 사회적 권위와 가치가 다르다. 터너(Terner)는 사회이동을 경쟁적 이동(contest mobility)과 후원적 이동(sponsored mobility)으로 구분하였다.

경쟁적 이동은 공정한 경기에서처럼 경쟁의 참가자는 다양한 전술을 자유로이 사용하며 기존의 엘리트가 가진 기득권을 배제하고 순전히 개인의 자질과 노력에 의해 결정되는 이동을 말한다. 후원적 이동은 경쟁방식을 피하고 통제된 선발 과정이 이를 대신한다. 경쟁적 이동이 지배적인 사회에서는 사회이동을 공평하게 하기 위해 학생선발의 시기를 될 수 있는 한 연기한다.

사회이동에 관한 학교 교육의 효과에 대하여 크게 두 가지의 입장이 있다. 낙관주의적 관점은 학교 교육이 모든 사람에게 균등하게 배분됨으로써 경제적인 양극화 현상을 막을 수 있고 빈곤을 퇴치시킬 수 있다고 보는 입장이다. 비관주의적 관점은 실제적으로는 교육과 사회적 이동과의 상관이 낮으므로 교육기회의 불평등 감소가 사회적 불평등 감소를 이루지 못한다는 교육효과 회의론에서 대두되었다.

교육이 수행하는 기능 중 가장 현실적이고 구체적인 기능은 사회충원기능이다. 사회의 존속과 발전을 위해서 수행되는 다양한 일은 각자 다른 수준의 자질을 가진 인력을 요구한다.

드레벤(R. Dreeben)은 학교의 사회화 내용을 독립성의 규범, 성취성의 규범, 보편성의 규범, 특정성의 규범으로 구분했다.

독립성의 규범은 학생들이 학교에서 독립적으로 자기의 할 일을 스스로 깨닫고 배우게 된다는 것이다. 자기 자신의 문제는 스스로 처리해야 하고 자신의 행동에 책임을 질 수 있도록 한다는 것이다.

성취성의 규범은 학생들이 교과 내용이나 과외활동 그리고 운동을 통하여 스스로 성취감을 맛보게 하고 계속해서 이러한 경험을 할 수 있도록 해야 한다는 것이다.

보편성의 규범은 같은 연령의 학생들이 같은 학습내용과 과제를 함께 공유함으로써 형성되는 것으로 모든 학생들에게 똑같은 규범이 적용되는 것을 말한다.

특정성의 규범은 동일 연령의 학생들은 다른 연령의 학생들과 구분되어 특정한 환경에서 학습하게 되며, 학생들을 흥미와 적성에 맞는 영역에서 집중적으로 교육함으로써 학습되는 것이다.

대중매체에 의한 사회화는 구성원들에게 공통의 의식을 갖게 하고 경험의 확대, 협동심, 사회적 규범 등을 효과적으로 전달하며 지능과 사회성을 발전시키고 다양한 흥미를 촉진시킨다. 그러나 지나친 상업주의, 저급한 오락문화, 공격적 성격유발, 각종 범죄행위의 모방과 같은 역기능도 있음을 인식해야 한다.

2. 조직과 조직 문화

조직이란 무엇인가에 대해서 알아보기 전에 우리가 얼마나 조직과 밀접한 관계를 맺고 있는지부터 인식할 필요가 있다. 현대인은 어떤 형태로든 조직을 통하여 생활하고, 조직 목적을 달성하기 위해 조직 내에서 역할을 담당하게 된다. 예를 들어, 우리는 세상에 태어날 때도 병원이라는 조직의 힘을 이용해서 태어나고, 마지막 순간도 장의사라는 조직의 힘을 빌리게 된다. '인간은 사회적 동물이다.'라고 한 아리스토텔레스의 말처럼 우리는 조직을 떠나서는 생활할 수 없다. 이처럼 인간은 조직 속에서 각자의 욕구를 충족하면서 공동의 이익을 추구한다. 조직은 이러한 공동의 이익을 효과적으로 달성하기 위하여 구성원들 간의 상호 협력과 협동 행위가 잘 이루어지도록 하는 터전이다.

조직의 개념은 학자에 따라 다양하게 정의되고 있는데 일반적으로 조직의 속성은 세 가지로 요약할 수 있다.

첫째, 조직은 달성하고자 하는 공동의 목표를 갖고 있는 집합체다.

둘째, 조직은 조직목표를 달성하기 위한 조직 구성원들의 행동을 조정·통제하는 규정과 규칙이 있다.

셋째, 공동목표를 합리적으로 달성하기 위해 사람들은 주어진 역할 범위에서 상호 협력적인 관계를 유지한다. 조직을 이루고 있는 사람들은 각자 역할, 의무, 과업, 책임·권한 등이 분담되고, 보다 효과적으로 목표를 달성하기 위해서 상호 협력한다.

이러한 조직의 속성을 바탕으로 조직의 정의를 내려 보면 공동의 목표를 달성하기 위하여 둘 이상의 구성원들이 규칙과 규정에 따라 서로의 역할을 분담하여 상호 협력하는 체제 또는 일정한 환경하에서 집단의 공동 목표 달성을 위해 구성된 구조적 사회 단위로서 구성원 간의 힘의 체제라고 할 수 있다.

집을 지을 때 콘크리트건물인가 목조건물인가 등에 따라서 집을 짓는 방식과 사용방식이 다르고, 집의 구조가 달라진다. 조직의 목표를 달성하기 위하여 과업을 맡고 있는 개인이나 혹은 집단들이 어떻게 연결되어 있느냐에 따라 조직구조가 달라진다. 이러한 연결을 그림으로 그려 놓은 것이 바로 그 조직도이다. 조직도를 보면 그 조직의 구조를 쉽게 파악할 수 있다.

1 공식조직과 비공식조직

공식조직(formal organization)은 그 조직의 기구표에 나타나는 조직이다. 공식조직은 직무, 책임, 권한을 중심으로 구성원 혹은 작업집단들을 나누고 권한의 계통과 기능적 분업에 따라 조직의 목표를 효과적으로 달성하기 위해 제도화하여 조직의 체계를 갖게 된다. 이는 교육행정 이론의 발달과정에서 과학적 관리 시대에 강조한 내용이다.

이에 비해 비공식조직(informal organization)은 조직 속에서 조직 구성원들 간의 소속감과 정서적 유대 등에 의해 형성되는 자연발생적 집합체다. 이러한 비공식조직은 학연, 혈연, 지연, 동호회 등 다양한 형태가 있다. 이는 교육행정 이론의 발달과정에서 인간관계론 시대에 강조한 내용이다.

조직의 구조는 의사결정과 구성원 행동 통제에 공식조직의 힘이 강하냐 아니면 비공식조직의 힘이 강하게 작용하느냐에 따라 다르다. 또한 공식조직과 비공식조직의 관계가 어떤 관계에 있느냐에 따라서 조직의 효과도 달라진다. 공식조직과 비공식조직이 조화를 이루어 순기능을 한다면 집단의 단결력이 생겨서 의사소통이 쉬워지고, 개인의 정체감과 자존심을 높여 줌으로써 조직의 활력소가 된다. 반면에 역기능으로 작용할 때는 공식조직의 의사소통을 차단하거나 왜곡하여 비합리적인 의사결정이나 편파적인 행정행위 등으로 조직의 혼란이 일어날 수도 있다.

2 계선조직과 참모조직

조직도를 보면 위에서부터 수직적으로 내려간 라인과 수평적으로 옆으로 퍼져 있는 라인이 있다. 수직적으로 내려간 라인을 계선조직이라고 한다. 행정조직에서 국장-과장-계장-직원 등으로 연결되는 집행부서와 군대의 지휘, 명령, 계통이 분명한 조직이 대표적이다. 계선조직은 상하위계 속에서 지휘와 명령계통에 따라 움직인다. 따라서 구성원 상호 간의 권한과 책임의 한계가 명백하고, 조직의 간결화로 의사결정이 신속하게 이루어지며 경비 절감의 효과를 가져올 수 있다. 하지만 개선 부분이 지나치게 강조되면 최고 관리자의 업무량이 과중하게 되고, 전문가의 지식이나 경험이 활용되지 못해 독단적인 의사결정이 이루어져 조직의 경직성을 초래할 수 있다.

수평적인 라인은 참모조직(또는 막료조직, staff organization)이다. 참모조직은 계선조직이 원활하게 목적을 달성하도록 지원·보조해 주는 조직이다. 따라서 계선조직의 의사결정이나 업무를 추진하는 데 필요한 정보나 아이디어를 제공하고, 필요한 사항에 대해 자문·지원하는 역할을 담당한다. 참모조직을 잘 활용하면 계선조직에서 일을 처리하는 데 필요한 정보를 제공하여 효과적으로 추진할 수 있지만, 지나치게 참모조직을 활용하다 보면 일의 진행이 늦고 자원의 낭비를 초래할 수가 있다.

３ 집권화 조직과 분권화 조직

조직의 성격을 이해하는 데 중요한 요인 중의 하나가 집권화와 분권화다. 집권화(centralization)란 권한 및 의사결정권이 상부조직에 집중해 있는 현상을 말하고, 분권화(decentralization)란 반대로 하부조직에 분산되어 있거나 위임되어 있는 현상을 말한다. 조직의 권한과 의사결정권이 집권화되어 있느냐 분권화되어 있느냐 하는 문제는 조직구조에 많은 영향을 미친다. 일반행정뿐만 아니라 교육행정에서도 집권화와 분권화 사이에 적절한 정도의 권한 배분과 균형을 유지해야 한다는 입장에서 '적도집권(適度集權)의 원리'가 요구되고 있다. 즉, 중앙집권제와 분권제 사이에서 적절한 균형을 취하는 것을 말한다.

집권화를 할 경우는 통일된 정책을 수행할 수 있으며, 신속하게 업무를 처리하는 데 용이하다. 또한 통합적 조정이 쉽고 행정기능의 중복과 혼란을 피할 수 있다. 반면에 지나친 집권화는 획일주의에 빠져 개별의 특수성과 적시성을 고려하지 못하며 권위주의적이고 형식적인 행정 병폐를 초래할 수 있다.

한편, 애덤스(Adams)가 제안한 공정성이론(公正性 理論, equity theory)은 사회적 비교이론(social comparison theory)을 토대로 하였다. 공정성이론은 조직 속에서 개인은 자신이 투자한 투입과 여기서 얻어지는 결과를, 다른 개인이나 집단의 그것들과 비교한다고 가정한다. 그래서 자신이 투자한 투입 대 결과의 비율이 타인의 그것과 동일하면 공정하다고 느끼며 만족하게 된다. 그러나 이에 대해 불공정성을 지각하게 되면, 공정성을 회복하는 쪽으로 어떤 행동을 한다는 것이다. 즉, 공정성이론의 기본 전제는 동기란 개인이 자신의 작업상황에서 노력한 결과에 대한 보상이 정당한가, 그렇지 않은가에 따라 영향을 받는다는 것이다.

조직 속에서 사람들은 어떤 경우에 공정성 또는 불공정성을 지각하게 되는가? 어떤 개인의 투입을 Ai, 결과를 Ap라고 하고, 다른 사람의 투입과 결과를 각각 Bi, Bp라고 가정하자. 그러면 Ap/Ai = Bp/Bi일 때 공정하다고 지각할 것이다. 반면에 Ap/Ai > Bp/Bi이면 타인의 노력에 비해 자신이 더 많은 보상을 받고 있다고 지각할 것이고, Ap/Ai < Bp/Bi이면 자신의 노력에 비해 더 적은 보상을 받는다고 느껴 불만족을 경험할 것이다.

그런데 공정성이론에 의하면, 과대보상(overpayment)이든 과소보상(underpayment)이든 불공정성을 지각한다. 즉, 개인들은 부족한 보상에 대해서는 불만족을 느끼고, 과도한 보상에 대해서는 부담감을 지각하게 된다. 그리고 이러한 긴장감은 불공정성의 정도에 따라 달라지는데, 불공정성을 감소시키는 방향으로 동기화(motivation)가 작용한다.

그림 7-2 공정성이론의 논리

직무수행자가 불공정성을 감소시키기 위해 활용하는 행동은 다음과 같다(신유근, 1985: 249).

1 투입의 변경

투입을 증가시키거나 감소시켜 준거인과 균형을 유지한다. 과소보상의 경우, 개인은 노력을 덜할 것이고 과다보상의 경우는 노력을 더 할 것이다.

2 결과의 변경

투입의 증가 없이 보수, 근무조건 등의 개선을 요구할 수 있다. 예는 노조의 압력 등으로 임금인상이나 작업조건을 개선하는 경우, 특히 이것이 다른 산업이나 조직과의 불공정성을 없애기 위한 것일 때에 볼 수 있다.

3 자신의 투입과 결과의 인지적 왜곡

실제 투입이나 결과를 변경시키지 않고 인지적으로 왜곡시킴으로써 같은 결과를 얻을 수 있다. 즉, '내가 맡고 있는 일이 더 중요하니까.'라고 생각할 수 있다. 또 대학을 나온 사람이 고등학교를 나온 사람보다 월급이 적을 때 '그는 업무능력이 나보다 나으니까.'라고 여기거나 '그가 월급은 많더라도 승진의 기회는 내가 더 많으니까.'라고 생각하여 받아들이는 것을 말한다.

4 직장 이동

근무하고 있는 직장을 떠남으로써 아예 불공정성을 없애 버리는 것이다. 이는 극단적인 예로 불공정성이 극히 클 때, 또는 개인이 이를 감당할 수 없을 때 나타난다. 또는 다른 부서로 이동하는 것이다.

5 비교 대상의 투입이나 결과에 대한 영향력 행사

비교 대상이 되는 동료에게 투입을 감소시키도록 혹은 조직을 떠나도록 압력을 넣을 수 있다. 또는 비교 대상이 실제보다도 열심히 일하고 있으므로 많은 보상을 받는 것은 당연하다고 믿을 수도 있다. 또는 그의 보상이 실제보다도 적은 것으로 지각할 수도 있다. 또는 다른 부서로 이동하는 것이다.

6 비교 대상의 변경

비교 대상을 변경함으로써 불공정성을 줄이려고 한다.

공정성이론의 시사점은 첫째, 조직에서 구성원들은 사회적 비교과정을 통해 만족과 불만족을 경험한다는 사실에 비추어, 조직의 책임자는 직원들을 공정하게 대우하도록 노력해야 할 것이다. 둘째, 조직에서 직원들은 자신들이 받는 보상을 같은 직종 내의 다른 사람뿐만 아니라 다른 직종에 종사하는 사람들과도 비교할 수 있다. 셋째, 조직의 책임자는 구성원의 동기부여에 있어서 지각의 중요성을 고려하여 건설적인 조직풍토나 문화를 구축할 필요가 있다는 것이다. 냉소적이거나 적대적인 조직문화가 형성되면, 구성원들은 서로에 대해 부정적으로 지각할 수 있으므로 협력적인 조직문화를 형성하기 위한 노력이 중요하다.

읽고 생각해 보세요
[출처: 손소연, 이륜(2013). 살아있는 다문화 이야기.

테크빌교육(즐거운학교).]

"조선족이라고 하지 마세요"

　매년 3월이면 우리는 다문화가정 현황조사를 하게 된다. 항목에 중국에서 온 다문화가정을 조사할 때 한족인가 조선족인가를 분류하는 항목이 있다. 특별학급인 나도 아이들 전체에게 손을 들라며 하는 국적 조사는 절대로 하지 않는다. 일반학급에서도 다문화인 것 같아서 데려다 놓고 상담을 하다 보면 묘한 현상을 발견하곤 한다. 한국에 와서 거주했던 기간이 긴 조선족 아이는 자기가 조선족이라고 말하지 않는다. 나중에 생활기록부의 외국인등록번호를 보고서야 아이가 제대로 이야기하지 않았음을 알게 된다. 그러면 선생님은 조사현황만 보고 하지 말고, 그 아이가 왜 자신을 조선족으로 밝히지 않았는지 그 아이의 정체성이 건강하게 발달하고 있는지를 확인해야 한다. 왜 그 아이들은 자신이 조선족이라고 말하지 않는 걸까? 서울이나 안산에 있는 식당을 가보자. 북한 말도 아니고 경상도 사투리도 아닌데 심한 억양을 사용하시는 조선족 아주머니들이 식사를 주문받고, 배달을 한다. 마사지 숍에 가보자. 조선족 아주머니들이 마사지사로 일한다. 이미 아이들이 알고 있다. 조선족 아주머니들은 식당에서 음식 나르고, 조선족 아버지들은 건설 현장에서 벽돌 나르고 있다는 것을. 우리가 전문직이라는 사람들 중에 조선족의 자리는 없다. 프랑스에서 마담은 결혼한 여자지만 한국에서의 마담은 술집이나 다방의 여자 주인들이다. 중국에서의 조선족은 중국이 통치하기 위한 56개 소수민족 중 하나로 조선족을 지칭하고, 통치목적으로 조선족 자치구를 운영하는 것이다. 우리는 '중국에 거주하는 우리 겨레'라는 좋은 의미로 조선족이라 지칭하는 것이 아니고, 다방 마담처럼 의미를 격하해서 조선족이라고 부르지는 않는가? 아이들은 느낌으로 아는 것이다. 낮은 계층의 대명사로 조선족으로 불리고 있음을 말이다. 우리는 일본에 거주하는 동포를 재일교포라고 하고, 미국에 거주하는 동포는 재미교포라고 한다. 그러면 중국에 거주하는 한국교포는 재중교포, 재중동포, 또는 중국교포, 중국동포라고 부르는 것이 맞다. 그런데 우리는 유독 재중동포만 조선족이라고 부른다. 여러분이 한족인가? 한족도 아니면서 왜 우리나라 사람을 조선족, 조선족이라고 한족의 입장에서 부르는가? 한국에 와 있는 조선족 학생들에게 '재중교포'라 불러주고, 해외교포로 대접해주자. 한국사회의 낮은 계층으로 학교 한구석에서 열등감으로 시들게 하지 말고, 조국(祖國)에서 가슴 펴고 능력을 발휘하도록 따뜻한 마음으로 응원해주길 바란다.

제8장

성취동기와 회복탄력성

성취동기와 회복탄력성

1. 성취동기

가장 집중적으로 연구된 동기는 성취동기(achievement motivation)이다. 성취동기는 도전적인 과제를 성취함으로써 만족을 얻으려고 하는 욕구로서, 학교 상황에서는 학업성취에 대한 의욕 또는 동기라고 할 수 있으며, 직장 생활에서는 맡은 업무를 열심히 하고자 하는 의욕 또는 동기와 성과급, 승진과 관련되는 동기라고 할 수 있다.

어떤 외적보상을 위해서가 아니라 단지 스스로의 성취감과 만족감을 위해서 어떤 분야에서 수월성을 추구하는 사람들은 매우 높은 성취동기를 지닌 것으로 생각되고 있다. 도전적이고 어려운 과제를 성공적으로 수행하려는 욕구로서 인간이 탁월한 업적을 이루고자 하는 동기이다. 인간은 결과에 따르는 만족감과 즐거움 때문에 더욱 열심히 학습하거나 일하게 된다. 성취동기가 높으면 학습상황이나 일을 할 때 적절한 목적을 설정하게 되고, 따라서 과제수행에서의 어려움을 극복할 수 있다. 그러나 성취동기가 낮으면 자신의 능력에 비해 지나치게 높거나 낮은 목표를 설정하게 되고 과제수행에서 적극적이지 못하는 결과를 나타내기도 한다.

높은 성취동기는 가족과 문화적 요인에 의해 육성되는 것으로 추측되고 있다. 만일 가정에서 성취, 독창성, 경쟁심이 격려되고 강화되거나 부모가 자녀의 실패에 화를 내지 않고 자녀 스스로가 문제를 해결하도록 한다면, 자녀는 좀 더 성취에 대하여 높은 욕구를 발달시키기 쉽다. 그리고 훌륭한 성취에 대해 인정받는 방법을 배우고, 또 자신의 행동이 환경에 영향을 줄 수 있다는 것을 배운 자녀들은 남보다 탁월해지려는 욕구를 가지고 성장하기 쉽다.

성취동기는 개인의 발전적, 성취적 행동을 결정하는 가장 중요한 심리적 특성일 뿐만 아니라 경제발전을 포함한 국가발전을 빠른 속도로 촉진시킬 수 있는 심리적 원동력이라는 점에서 중요성을 지닌다. 성취동기란 상식적으로는 훌륭한 일을 이루어 보겠다는 내적 의욕이라고 말할 수 있으나 엄밀하게는 어떠한 훌륭한 과업을 성취해 나가는 과정에서 만족하는 성취 그 자체를 위한 성취의욕이다. 이러한 성취동기가 높은 사람의 행동 특징 7가지를 살펴보자.

첫째, 일 자체를 좋아한다(과업지향성). 성취동기가 높은 사람은 어렵고 힘든 일, 자신의 능력을 과시할 수 있는 일에 흥미를 가지며, 그 일을 끝냄으로써 얻을 수 있는 보상이나 사회적 지위보다는 일 그 자체를 성취해 나가는 과정을 즐기고 만족스럽게 여기는 성향을 가지고 있다.

둘째, 적절한 모험을 즐겨한다(적절한 모험성). 성취동기가 높은 사람은 어느 정도의 모험성이 포함되는 일에 도전하여 스스로의 힘으로 성취해 내는 과정을 크게 만족해한다. 그는 아무런 모험성도 곤란도 내포하고 있지 않은 쉬운 일에는 흥미를 갖지 않는다. 그러나 그는 과업이 자기 능력에 비해 너무 어렵거나 지나치게 모험적일 때도 역시 흥미를 갖지 않는다. 즉, 성취동기가 높은 사람은 자신의 능력과 관련하여 적절한 모험수준을 즐긴다.

셋째, 일에 대하여 자신감을 갖는다(자신감). 성취동기가 높은 사람은 그렇지 못한 사람에 비해 과업수행에서 보다 높은 자신감을 가지고 있다. 그는 그의 짐작을 정당화할 수 있는 사실적 근거가 뚜렷하지 않은 경우, 과업의 성취가능성에 대한 주관적 판단, 즉 자신감을 더욱 높이 갖게 된다. 이전에 전혀 경험을 해보지 못한 일에 대해서도 성취동기가 높은 사람은 낮은 사람에 비해 일단 높은 자신감을 갖게 된다.

넷째, 새로운 일을 찾으려 한다(정력적 혁신성). 성취동기를 탁월한 성취를 하려는 의욕이라 한다면 성취동기가 높은 사람은 보다 정열적으로 그리고 열심히 일하는 사람이라고 할 수 있다. 그는 성취동기가 낮은 사람에 비해 자기가 하는 일에 보다 열중하고 더 많은 새로운 과업을 찾고 계획하여 이를 성취해 나가는 데에 온갖 정력을 동원한다.

다섯째, 일에 대한 책임감이 강하다(자기책임감). 성취동기가 높은 사람은 성취하려는 과업이 결과적으로 어떻게 되었든 자기가 계획하고 수행하는 일에 대해서 일체의 책임을 자기 자신이 진다. 자기의 과업이 실패했을 때에도 성공했을 때와 같이 자기의 책임으로 여기며, 책임을 남에게나 여건의 탓으로 돌리지 않는 것이 성취동기가 높은 사람의 행동성향이다.

여섯째, 일의 결과를 빨리 알려고 한다(결과에 대한 관심도). 성취동기가 높은 사람은 그가 수행하는 일의 종류를 불문하고 그 일이 어떻게 진행되고 있으며 예상되는 결과는 어떠한 것인가에 대하여 구체적이고 객관적인 정보를 계속 추구하여 정확한 판단을 하려고 한다. 예상되는 결과가 성공적이든 실패적이든 결과를 보다 정확히 알고 있을 때 성취동기가 높은 사람의 성취활동은 더욱 강화된다.

일곱째, 장기적인 미래에 대한 관심도가 높다(미래지향성). 성취동기가 높은 사람은 새로운 일을 이룩하기 위하여 언제나 장기적인 계획을 세우고 미래에 얻게 될 성취만족을 기대하면서 현재의 작업에 열중한다. 그는 미래에 이루어 놓을 성취과업과 성취만족을 기대하면서 현재에 당하는 고통 및 갈등과 끈기 있게 싸워 나간다.

2. 회복탄력성

살아간다는 것은 어렵고 힘들 때도 있고 즐겁고 행복할 때도 있다. 삶이란 오르막과 내리막이 있기 마련인 것이다. 사람은 누구나 자신에게 역경과 어려움을 주는 사건이나 경험을 하게 된다. 그러나 역경에 처했을 때 그것을 극복하기 위해 노력하고 결과적으로 극복하고, 살아남고 더욱더 강해지는 사람들이 있는가 하면, 작은 어려움에도 쉽게 좌절하고 무너지는 사람들도 있다. 그 이유가 무엇일까? 그것은 바로 회복탄력성의 차이다.

회복탄력성(resilience)은 심리학, 정신의학, 간호학, 교육학, 유아교육, 사회학, 커뮤니케이션학, 경제학 등 다양한 분야에서 연구되는 개념이며, 극복력, 탄성, 탄력성, 회복력 등으로 번역되기도 한다.

회복탄력성은 크고 작은 다양한 역경과 시련과 실패에 대한 인식을 도약의 발판으로 삼아 더 높이 뛰어 오르는 마음의 근력을 의미한다고 할 수 있다. 물체마다 탄성이 다르듯이 사람에 따라 탄성이 다르다. 역경으로 인해 밑바닥까지 떨어졌다가도 강한 회복탄력성으로 되튀어 오르는 사람들은 대부분의 경우 원래 있었던 위치보다 더 높은 곳까지 올라갈 수 있다. 지속적인 발전을 이루거나 커다란 성취를 이뤄낸 개인이나 조직은 대부분의 경우에서 실패나 역경을 딛고 일어섰다는 점이 공통적으로 보여진다. 어떤 불행한 사건이나 역경에 대해 어떠한 의미를 어떻게 부여하고 인식하느냐에 따라 불행하거나 행복해지는 기로에 서게 된다고 생각해 볼 수도 있다. 세상일을 긍정적 방식으로 받아들이는 습관을 구축함으로써 부정적으로 상황을 인식해 과소비될 수 있는 감정적 에너지를 문제해결을 위한 집중에 보다 유용하게 사용 가능하다는 점에서 회복탄력성은 놀랍게 향상된다. 회복탄력성이란 인생의 바닥에서 바닥을 치고 올라올 수 있는 힘, 밑바닥까지 떨어져도 꿋꿋하게 되 튀어 오르는 비인지능력 혹은 마음의 근력을 의미한다.

예를 들면, 사람은 누구나 평생 하나 이상의 어려움이나 역경과 마주치게 된다. 하지만 이러한 스트레스적인 상황에 반응하는 방식은 사람마다 다르다. 어떤 사람은 스트레스를 극복하지 못하거나 아주 오랜 시간 극심한 어려움을 느낀다. 그리고 어떤 사람들은 같은 정도의 스트레스 상황에서도 그것에 덜 민감하게 반응하고 극복하는 데 더 짧은 시간이 걸린다. 또 예상하지 못한 건강상의 문제가 생기거나 행복한 삶을 지속하는 데 어려움을 느끼기도 하지만 대다수의 사람들은 일시적인 어려움이나 고통을 잘 이겨 내고, 자신의 삶과 다른 사람들과의 관계를 잘 유지한다. 이렇게 스트레스 상황을 겪은 후에 이전의 상태로 되돌아갈 수 있는 능력을 적응 유연성이라고 한다.

이러한 적응 유연성의 개념을 정의할 때 중요한 두 가지는 '스트레스적인 상황'과 그러한 상황에도 불구하고 나타나는 '유능감(competence)'이다. 여기서 말하는 유능감이란 특정한 영역에서 높은 수준의 성취를 이루는 것이 아니라, 주어진 환경에 효율적으로 적응할 수 있는 능력을 의미한다. 따라서 어린아이나 청소년의 적응 유연성은, 그들의 삶에서 어떤 어려움이나 두려움의 경험을 하고 있을 때 그것을 드러내어 표현할 수 있는가 하는 것을 보는 것이다. 적응 유연성이 확보된 어린아이나 청소년은 그러한 스트레스적인 상황에서도 자신의 어려움을 드러내어 언어 혹은 행동, 태도 등으로 이를 표현할 수 있다.

각종 자연재해, 신종 전염병, 정치·경제 위기 소식들이 끊이지 않는다. 이러한 급격한 사회적·환경적 변화와 한치 앞을 내다볼 수 없는 불확실성 속에서 우리는 누구나 커다란 불안과 스트레스에 시달리고 있다. 스트레스를 견디지 못하고 쉽게 근심하고 절망하는 사람들이 있는가 하면, 위기를 오히려 기회로 삼아 더 행복하고 밝은 미래를 스스로 만들어 가는 사람들도 있다. 미국 하버드대학교 의학박사이자 심리학자인 보리센코(J. Borysenko)는 이런 두 종류의 사람들 사이에 차이를 만드는 것은 바로 회복탄력성 때문이라고 하였다.

회복탄력성은 다시 튀어 오르거나 원래 상태로 되돌아온다는 뜻으로, 밑바닥까지 떨어져도 꿋꿋하게 되 튀어 오르는 능력을 일컫는다. 역경으로 인해 밑바닥까지 떨어졌다가도 강한 회복탄력성으로 되 튀어 오르는 사람들은 대부분의 경우 원래 있었던 위치보다 더 높은 곳까지 올라간다. 물체마다 신축성과 유연성 등 그 탄성이 다르듯이 사람에 따라 탄성이 다르다. 어떤 불행한 사건이나 역경에 대해 어떤 의미를 부여하느냐에 따라 불행해지기도 하고 행복해지기도 한다. 세상일을 긍정적 방식으로 받아들이는 습관을 들이면 회복탄력성은 놀랍게 향상된다. 다시 말해서, 회복탄력성이란 시련이나 고난, 위기나 역경을 이겨내는 긍정적인 힘을 의미한다.

회복탄력성은 꼭 커다란 역경을 이겨내기 위해서만 필요한 힘이 아니다. 자잘한 일상사 속에서 겪는 수많은 스트레스와 인생의 고민과 인간관계에서의 갈등을 자연스럽게 이겨내기 위해서도 필요한 힘이다. 숱한 실험을 통해 확인되는 회복탄력성의 3대 요소는 자기조절 능력과 대인관계 능력 그리고 긍정적 정서라고 전문가들은 말한다. 자기조절 능력이란 스스로의 감정을 인식하고 그것을 조절하는 능력이고, 대인관계 능력이란 다른 사람의 마음과 감정 상태를 재빨리 파악하고 깊이 이해하며 공감함으로써 원만한 인간관계를 맺고 유지하는 능력이다. 그리고 긍정적 정서란 행복감, 안락감, 만족감, 사랑, 친밀감 등과 같은 긍정적 심리상태를 말하며 자신과 미래에 대한 낙관적 생각과 희망, 열정, 활기, 확신 등이 포함된다.

보리센코 박사는 똑같이 끔찍한 시련과 고난을 겪고도 이를 남보다 성공적으로 이겨낸 사람들, 곧 회복탄력성이 높은 사람들의 세 가지 공통적 특징을 다음과 같이 제시했다.

첫째, 회복탄력성이 높은 사람은 현실을 있는 그대로 받아들인다. 즉, 그들은 어려운 상황에 직면했을 때 이를 회피하려고 하지 않고 고개를 꿋꿋이 든 채 문제를 직시한다.

둘째, 회복탄력성이 높은 사람은 인생의 의미와 가치를 깊이 믿는다. 다시 말해, 살아야 할 굳건한 이유, 삶에 대한 확고한 신념을 가지고 있는 것이다.

셋째, 회복탄력성이 높은 사람은 브리콜라주(bricolage), 즉 주어진 상황에서 놀라운 주의력을 발휘해 순간적으로 새로운 것을 창조해내는 임시변통 능력이 뛰어나다.

회복탄력성을 높이기 위해 어떻게 해야할까? 그러한 방법으로 김주환(2011)은 다음과 같은 몇 가지를 제시하였다. 우선, 자신의 행복의 기본수준을 끌어올려야 한다는 것이다. 인생에서 일어나는 일들은 일시적으로 우리를 행복하게 혹은 불행하게 만들 뿐이다. 일정한 시간이 지나면 우리는 곧 다시 자신의 본래 행복 수준으로 되돌아오는 강한 탄력성을 지녔다. 심리학자들은 이를 '행복의 자동온도 조절장치'라 부른다.

원래 밝고 명랑한 사람은 이 기본 수준이 높고, 우울하고 침울한 사람은 기본 수준이 낮은 것이라 할 수 있다. 이 기본 수준을 중심으로 좋은 일이 있으면 일시적으로 더 행복해지고 나쁜 일이 있으면 더 불행해지지만, 결국 일정한 시간이 지나면 다시 자신의 기본 수준으로 되돌아온다. 긍정적 정서의 훈련을 통해 긍정적인 뇌로 변화시킨다는 것은 바로 이 행복의 기본 수준을 끌어올린다는 뜻이다. 행복의 기본 수준을 끌어 올려야만 긍정적 정서의 지속적인 향상이 가능해지고 결국 회복탄력성이 높아진다. 행복의 기본 수준은 체계적인 훈련과 꾸준한 노력을 통해 얼마든지 향상될 수 있다.

행복의 기본 수준이 높은 사람을 우리는 낙관적인 사람이라 부른다. 낙관성이 높은 사람들은 주어진 상황은 언젠가 좋아지리라는 믿음을 지닌 사람들이다. 신체적으로도 더 건강하고 우울증에도 덜 걸린다. 성취도 더 높고 업무 생산성도 높다. 그러나 객관적인 위험성을 평가절하 하는 비현실적인 낙천주의와는 다르다.

낙관성을 지닌 사람은 무엇인가를 해낼 수 있다는 스스로에 대한 믿음이 있으며, 자신의 한계 밖으로, 일상 너머로 뻗어나가려는 적극적인 자세를 지닌다. 낙관성은 새로운 것에 대한 도전을 두려워하지 않게 하며, 익숙한 현실과 반복적인 일상에 안주하기를 거부하고 새로운 영역으로 스스로를 확대시켜 나가려는 자세를 유지시켜 준다.

낙관성이 부족하고 비판적인 사람들의 가장 큰 특징은 타인의 부정적 시선을 지나치게 두려워한다는 것이다. 주변 사람 모두가 나만을 바라보고 나를 흉보고 비웃는 것 같은 착각에 사로잡히게 되면서 비판성은 급속히 증가하게 된다.

이는 통제 소재(locus of control)를 어디에 두드냐의 문제이다. 심리학에서 통제 소재란 자신에게 벌어지는 일들이나 자신이 하는 행동의 원인을 자기 내부에서 주로 찾느냐 아니면 외부에서 찾느냐에 관한 사고방식을 말한다. 비판적이고 부정적인 사람은 통제 소재를 외부에서 찾는 경향이 있다. 자기 자신의 행동이 스스로 어쩔 수 없는 외부적 사건에 대한 자동적인 반응이라고 믿는 것이다. 이런 사람들은 흔히 '네

가 혹은 그것이, 혹은 그 사람이 날 화나게 했어. 난 어쩔 수 없어'라는 식의 스토리텔링을 하는 것이다.

반면에 낙관적이고 긍정적인 사람은 높은 수준의 자율성과 자기효능감을 지니기 마련이며 따라서 통제 소재를 흔히 자기 안에서 찾는다. 내가 노력하면 지금 벌어지는 일들을 내가 원하는 방향으로 이끌 수 있다는 자신감을 지니고 있다는 뜻이다. 이런 사람들은 자신의 삶을 능동적으로 이끌 수 있다.

회복탄력성을 높이기 위한 다른 방법은 자신의 대표 강점을 발견하는 것이다. 약점에 집중해서 그것을 보완하는 방법으로는 자기 발전도 없고 행복도 없다. 각자의 잠재력을 끊임없이 개발해야 현실에서 발현할 수 있다. 그러나 우리 사회는 우리의 장점을 외면하고 성장을 방해한다. 자신의 장점에 대해 이야기하는 것은 '잘난 척'이라 하여 금기시되어 왔고, '너 잘났다'라는 말은 비아냥이나 비난의 뜻으로 받아들이기도 한다. 회복탄력성의 향상을 위한 훈련 중에서 가장 포괄적이고 과학적으로 입증된 것이 강점의 개발이다.

작성해 본 후 생각해 보세요

(1) 다음 문항의 1(전혀 그렇지 않다)~5(매우 그렇다) 중에서 솔직히 해당되는 곳에 ✔ 표시를 하세요. 여러분의 일상생활을 생각해 보고 응답을 하십시오.

		전혀 그렇지 않다 1	그렇지 않다 2	보통 3	그렇다 4	매우 그렇다 5
1	나는 어려운 과제가 생길수록 더욱 용기가 솟아난다.					
2	나는 일의 결과나 일에서 얻어질 보상보다 일을 해 나가는 과정에 더 큰 관심을 가진다.					
3	나는 나에게 일이 주어지기를 기다리지 않고 스스로 일에 열중한다.					
4	나는 일이 지루하거나 힘들다고 느끼지 못할 정도로 그 일에 열중한다.					
5	나는 하기 어려운 일일수록 더욱 그 일에 매력을 느낀다.					
6	나는 이전에 하지 못했던 일을 해 보려는데 호기심을 갖는다.					
7	나는 여러 가지 일을 시도해 보는 데 즐거움을 느낀다.					
8	나는 어려운 문제일수록 도전하는 데 즐거움을 느낀다.					
9	나는 내가 할 수 있는 일보다 더 어려운 일에 더 큰 매력을 느낀다.					
10	나는 일을 하다 보면 언제나 새로운 용기를 얻는다.					
11	나는 나 자신의 능력을 신뢰한다.					

12	나는 무엇이든 나 자신이 노력하면 이루어질 수 있다고 믿는다.				
13	나는 나의 일생동안 위대한 업적을 이루어보겠다는 꿈을 가지고 있다.				
14	나는 마음 속에 늘 생동감이 넘친다.				
15	나는 항상 새로운 문제를 찾고 이것을 새로운 방법으로 해결하려고 애를 쓴다.				
16	나는 자신의 능력을 최대로 개발하려고 노력한다.				
17	나는 문제를 잡으면 그 문제를 해결할 때까지 놓지 않는다.				
18	내가 한 일에 대해서는 결과 여하를 막론하고 내가 책임을 진다.				
19	나는 되도록 나의 힘으로 일의 성과를 얻으려 노력한다.				
20	나는 어떤 상황이든 일단 관여한 일에는 최선의 결과를 맺도록 노력한다.				
21	나는 어떠한 일이든지 일단 시작한 일에는 최대의 노력을 기울인다.				
22	나는 어떤 과업이든 결과를 예상해 보고 성취 가능성에 따라 단계적인 실천 계획을 세운다.				
23	나는 성취할 목표를 명확히 하고 노력하는 과정을 수시로 검토하고 기록한다.				
24	나에게는 나름대로의 훌륭한 왕국을 꾸미려는 꿈이 있다.				
25	나는 끊임없이 나아지려는 욕구가 있다.				

(2) 강점 발견 인터뷰하기

- 서로 잘 모르는 사람끼리 짝을 짓는다.
- 서로 인터뷰한다.
- 질문은 단 하나. "당신의 잘난 점(강점, 뛰어난 점)은 무엇입니까?"
- 상대방에게 구체적으로 5개 이상 말한다.
- 서로 인터뷰한 두 사람이 함께 일어나서 모든 사람들에게 자기가 인터뷰한 내용을 소개한다.

제9장

콤플렉스

콤플렉스

1. 콤플렉스 원인과 작용

콤플렉스라는 용어를 가장 강조한 것은 스위스의 분석심리학자 C.G. Jung이다. Jung은 콤플렉스를 정신의학 용어로 개념화하였고, 콤플렉스는 인간의 정신을 구성하는 정신요소이며, 열등감만을 의미하지는 않는다고 주장하였다. Jung은 처음에 자신의 심리학을 콤플렉스 심리학(complex psychology)이라고 부를 정도로 콤플렉스를 중요시하였고, 1928년 『정신에너지의 발생론』을 발표하고 콤플렉스론을 확립하였다.

Jung이 콤플렉스를 발견한 것은 1902~1903년 사이에 실시한 단어 연상검사를 통해서였다. 이 검사에서 그는 사람들이 어떤 자극 앞에서 연상 시간이 많이 지연되거나 특이한 정감 반응을 보이는 것을 보고 그 원인이 콤플렉스 때문이라는 사실을 알게 되었다.

콤플렉스(complex)의 사전적 의미는 라틴어 com(함께)과 plectere(짜기)가 합쳐져서 생긴 말로 '짜진 것, 엉켜서 복잡한 것'을 말한다. 즉 콤플렉스는 특정한 생각이나 감정이 얽혀서 무의식 속에 들어가 있는 응어리이다. '콤플렉스'란 용어는 1895년 J. 브로이어가 "히스테리의 연구"라는 논문에서 "히스테리의 원인이 되는 무의식적 마음의 복합체"를 가리키는 개념으로 처음 사용하였다. 여기에서 프로이트는 콤플렉스를 무의식 속의 고통이나 수치심, 공포감 등과 관련된 복잡한 감정 응어리로 생각하였다. 아들러는 보다 일반적인 의미의 '열등 콤플렉스'를 주장하여 큰 호응을 얻었고, 이때부터 '콤플렉스'가 '열등감'과 같은 뜻으로 널리 쓰이기 시작했다.

Jung은 콤플렉스를 '감정적으로 강조된 관념과 정감의 복합체'하고 하였다. 즉 콤플렉스란 하나의 핵을 중심으로 해서 그와 관련되는 많은 요소가 응집되어 있어서 정신 활동을 방해하는 정신적 요인이다. 그러면 이 콤플렉스가 어떻게 생겨나며 어떠한 작용을 하는가?

콤플렉스는 유아기 감정적 충격을 받은 사건과 관계되는 관념적 내용이 하나의 핵을 형성하고, 그 주위에 그와 비슷한 내용들을 끌어모아서 그 요소들이 동화되어 더 큰 덩어리를 이루어 콤플렉스가 형성된다. 이렇게 콤플렉스는 정신적 외상이나 정서적 충격 경험으로부터 생겨나는 것이다.

우리는 왜 콤플렉스에 관심을 두어야 하는가? 만일 우리에게 어떤 콤플렉스가 있는 경우, 예기치 못한 때에 자신의 의지와는 상관없이 자아의식의 통제를 벗어나 밖으로 튀어나와서 우리를 곤란하게 한다.

2. 콤플렉스의 유형

콤플렉스를 몇 가지 소개하면 다음과 같다. 콤플렉스의 유형은 '일곱 가지 남성 콤플렉스', '일곱 가지 여성 콤플렉스' 및 교육심리학 용어사전 등의 내용을 정리하였다.

① 착한 아이 콤플렉스

착한 아이 콤플렉스(good boy & good girl syndrome)는 타인으로부터 착한 아이라는 반응을 듣기 위해 내면의 욕구나 소망을 억압하는 말과 행동을 반복하는 심리적 콤플렉스를 뜻한다. 이러한 형태는 유기 공포를 자극하는 환경에서 적응하기 위해 어린이의 기본적 욕구인 유아적 의존 욕구를 거부하고 억압하는 방어기제로 나타나는 것이다. 이를 바르게 해결되지 않고 그대로 성장하게 된 어른에게는 '착한 아이' 대신 '착한 여자, 착한 남자, 좋은 사람' 등으로 바꿔 부르기도 한다.

주로 '착하거나 말 잘 듣는 것은 좋은 것, 착하지 않거나 말 안 듣는 것은 나쁜 것'으로 규정하는데 이는 타인의 판단을 절대적으로 내면화한 것이다. 이러한 규정은 "착하지 않으면 사랑받을 수 없고 버림받을 것이다"는 믿음의 바탕에서 생성된다. 이러한 믿음은 어린이 자신이 처한 상황에서 만들어지며, 어른이 되어도 변하지 못하고 고착돼 얽매여 생활하게 된다. 이에 따라 타인의 눈치를 보고 타인이 하는 말에 집중하며 갈등 상황을 피하고 타인의 요구에 순응한다. 자신이 타인에게 착하게 행동하고 있는지, 타인도 그렇게 생각하는지 계속 눈치를 보며 확인한다. 반면 자신의 느낌이나 욕구는 억압하기에 언제나 내면은 위축되고 우울한 감정으로 가득 차게 된다.

② 사내 대장부 콤플렉스

타인보다 우월해야 한다는 강박관념에 성공한 남자, 믿음직한 남자, 대범한 남자라는 인상을 보여주기 위해 자신의 욕망과 개성을 희생하거나 지나치게 과장하면서 우월감을 갖거나 한없는 열등의식을 갖는 것이다.

"사내대장부가 아무 때나 울면 안 되지. 남자는 평생 딱 세 번만 우는 거야. 태어날 때, 부모님 돌아가셨을 때, 나라가 망했을 때 외에는 우는 거 아니다." 이런 말을 들으며 자란 남성들이 많다. 눈물은 아플 때, 슬플 때, 힘들 때 흘리라고 있는 것이다. 매우 기뻐도 눈물이 날 때가 있다. 그러한 상황에서 울고 싶어도 억지로 참는 남성들이 많다. 찌질하거나 나약해 보여서는 안 된다는, 사내대장부 콤플렉스 때문이다. 자연의 섭리에 역행하면서 감정표현을 억제하면 몸과 마음에 병이 생기기 마련이다. 그러다 보니 우울증을 앓는 남성들도 많다. 가족의 생계를 홀로 책임져야 한다는 중압감도 어깨를 짓누른다. 힘들어도 도움을 요청하는 것이 나약한 모습으로 비쳐지지 않을까 걱정돼 참는다. 술과 담배로 달래려니 건강은 더 나빠진다. 스트레스가 쌓이면 폭력적인 모습으로 나타나기도 한다. 내 감정 표현마저 억누르다보니 남의 감정에 공감하기마저 어렵다. 성역할 고정관념의 피해를 남성들도 고스란히 당하고 있는 것이다.

> "학교 행사가 있을 때면 내게 맡겨진 일뿐 아니라 무거운 짐을 들거나 못질 등 힘이 필요한 일은 도맡아 해야 한다. 그런데 나는 사실 별로 힘이 없어서 하기 싫은데 그대로 이야기 하기가 두렵다."

> "밤늦게 귀가할 때는 '내가 데려다 주지. 밤길에 여자들끼리는 위험하거든'하며 앞장을 서곤 한다. 사실 나도 밤길은 무섭다. 깡패라도 만나면 어쩌지 라는 생각이 들기 때문이다. 그렇지만 나는 남자인데 이 일을 피하면 친구들이 나를 우습게 볼 것 같아 겉으로는 자신만만하게 행동한다."

위의 두 사람은 주위 사람에게 사내 대장부 혹은 "역시 사나이", "남자답다"라는 말을 들으려고 자신의 감정이나 하고 싶은 말을 참고 감추는 것이다.

③ 신데렐라 콤플렉스

신데렐라 콤플렉스에 빠진 여성은 무엇인가를 하려고 하거나 해야 할 때 두려움이나 불안을 느낀 나머지 주저하며 포기하려는 상태에 이른다. 실제로 못하게 막거나 억압하는 대상이 없을 때도 미리 겁을 내거나 두려워하여 아무것도 하지 못하고 누군가 해 주었으면 하고 바라는 것이다. 더 나아가 자기 비하나 열등감에 무의식적으로 빠져들기도 한다. 신데렐라 콤플렉스는 동화 속의 신데렐라처럼 자기의 인생을 뒤바꿔 줄 왕자를 기다리는 신데렐라의 꿈을 깨지 못하는 것이다.

신데렐라 콤플렉스(Cinderella complex)는 자신의 배경과 능력으로는 사회적으로 높은 위치에 설 수 없을 때 여성이 자신의 인생을 180° 바꿔 줄 왕자님에게 보호받고 의존하고 싶어하는 여성의 심리를 뜻한다. 미국의 콜레트 다울링의 저서 『신데렐라 콤플렉스』에서 등장한 용어로, 계모에게 학대당하던 아가씨가 왕자와 결혼하게 되는 내용의 동화 『신데렐라』에 연유한다. 즉, 자기의 능력으로 자립할 자신이 없는 여성이, 마치 신데렐라처럼 자기의 인생을 일변시켜 줄 왕자가 나타나기를 고대하는 여성의 의존심리를 뜻하는 말이다. 이는 신데렐라 이야기를 담은 드라마를 봄으로써 대리만족을 느끼고 나아가 그 이야기가 인기를 얻는 것에서 찾아볼 수 있다.

의존성, 두려움, 열등감, 결혼에 대한 경제적·정서적 집착과 무기력증, 취업이나 자신의 일에 대한 회의와 공포심을 지닌다. 신데렐라 콤플렉스에 빠진 여성은 어릴 때는 부모에게, 어른이 된 뒤에는 애인이나 남편에게 의지한다. 특히 일정한 나이를 먹으면 일생을 책임져 줄 남편을 찾기에 몰두하기도 한다. 동화 속의 신데렐라처럼 자기의 인생을 뒤바꿔 줄 왕자를 기다리는 꿈을 깨지 못하고 꿈과 현실 사이에서 갈 등하는 심리가 깊어지면 신데렐라 콤플렉스 증상이 나타나는 것이다.

"저는 부모님의 사랑받는 딸이에요, 지금까지 그 분들의 뜻대로 잘 살아왔어요. 앞으로도 부모님을 의지하며 살아가면 별 어려움 없이 살 수 있을 거예요." (22세 학생)

"완벽한 주부가 되는 것은 어려운 일입니다. 그래도 가족의 행복을 위해 사는 데 보람을 느끼지요. 남편이 가족을 위해 고생하고 있으니 편안하고 안락한 가정을 꾸미는 것은 당연히 제 몫이죠. 남편의 성공과 아이들의 성장이 여자의 행복 아니겠어요?" (39세 주부)

"친구들과 여행이나 등산을 가려면 항상 두려운 생각이 들어요. 그래서 남자 리더를 찾게 되지요."

"내가 노조에서 여성 부장을 맡자 갑자기 주위가 시끄러워지더군요. 강제 퇴직이라도 당하면 결혼에 지장이 있을 것도 같고 무언가 번거롭게 느껴져 직책을 내놓았지요."

④ 맏이 콤플렉스

맏이(첫째 아이)는 '잘해야 한다'는 의무감, 책임감, 모범 의식 등에서 오는 고민과 부모나 형제의 기대에 부응하지 못할 때 느끼는 자책감으로 잘못된 일은 모두 자신에게 책임이 있다고 여긴다. 어린 시절부터 그러한 가정환경에서 성장하게 되면 성인이 된 후에도 확고하게 독립된 인격과 가치관을 갖기 어렵게 되고 언제나 남의 시선을 의식하면서 자신의 생각이나 행동을 자제한다. '부모 입장에서 맏이에게 기대한다'는 45.5%로 다른 아이(21%)에 비해 두 배 이상인 것으로 나타났다.

'형 만한 아우 없다'라는 속담처럼 맏이는 부모를 비롯하여 다른 사람들에게 복종해 가는 과정에서 자아를 억제하고 다른 사람의 욕구를 우선시하며 참고 양보하는 것을 먼저 배운다. 어려서부터 '모범이 되어야 한다', '언니 혹은 형이니까 참아야지'라는 이야기를 많이 듣곤 한다.

⑤ 피터팬 콤플렉스

피터팬 증후군(Peter Pan syndrome) 또는 콤플렉스는 몸은 성인이되 성인이 되기를 거부하고 어린이나 소년이 되기를 원하는 심리상태 또는 그러한 행동을 말한다. 어른이 된 후에도 사회에 적응을 하지 못한 채 어린아이와 같은 행동을 하는 사람들에게서 볼 수 있는 특성이다. 이러한 사람들은 책임감이 없고, 항상 불안해하며, 쉽게 현실에서 도망쳐 자기만의 세계에 빠져드는 경향을 보인다. 피터팬 증후군은 1970년대 미국남성을 중심으로 그 경향이 보이기 시작했다. 1980년 이후에는 일본에서도 경제위기 이후 장기적 침체와 함께 젊은 남성들 사이에 피터팬 증후군이 확산되었다.

⑥ 슈퍼우먼/슈퍼맨 콤플렉스

슈퍼우먼/슈퍼맨 콤플렉스를 가진 사람은 대인관계에서 남들에게 보여지는 모습과 자기 혼자만의 내적인 모습이 불일치해질 때가 많다. 자기 자신의 모습에서 조금이라도 부족하고 열등한 모습을 다른 사람에게 보여주고 싶어하지 않기 때문이다. 슈퍼우맨/슈퍼맨 콤플렉스는 자신이 가지고 있는 능력에 관계없이 직장인, 주부, 어머니, 아내, 며느리 혹은 남편, 아버지, 사위 등의 다양한 역할을 완벽하게 하려는 사람을 말한다.

이들은 스스로 완벽해야 한다는 관념을 갖고 있어서 오히려 집안이나 직장에서 많은 스트레스를 겪는다. 신체적·심리적으로 갈등하며 모든 것을 완벽하게 하지 못하면 심한 불안감, 초조감, 죄책감 등으로 고통을 받는다. 그래서 때로는 자신의 문제를 잊기 위해 다른 일을 정신없이 하기도 하고 다른 사람에게 분풀이를 하거나 과도한 음주, 흡연, 약물 등을 복용하기도 한다.

이처럼 콤플렉스는 심신의 갈등을 고조시키는 원인이 될 수 있다. 자신의 모습을 현실적으로 수용하지 않으면, 급격한 번아웃이 나타나면서 우울증, 불안증 등으로 나타나기도 하고 다양한 신체증상 혹은 신경성 질환의 형태로 나타나기도 한다. 콤플렉스를 해결하고 극복하려면 어떻게 해야 할까?

콤플렉스를 의식화하는 것은 인격 성숙에 중요한 과제인데 무의식의 콤플렉스를 깨달으려면 고통과 불쾌감을 참아내는 용기가 필요하다. 콤플렉스가 신경증이나 그 외의 병적인 증상을 일으키는 것은 콤플렉스 자체가 병적이어서가 아니라, 콤플렉스의 존재를 거의 병적으로, 외면하려고 하거나 억압하려고 하는 의식의 잘못된 태도 때문이다.

우리가 콤플렉스를 의식화하려면 어떠한 과정을 거쳐야 하는가? Jung은 자신의 내면으로 깊이 들어가서 무의식을 들여다보고 작업해야 개성화를 이룰 수 있다고 하였다. 즉, 자신의 내면에 있는 자기(自己)를 실현하는 개성화 과정을 통하여 우리 내면의 콤플렉스를 깨달을 수 있다고 하였다. 개성화(individuation)란 참 자기가 무엇을 원하는지 주목하고 내면에서 나오는 본래의 진정한 자기의 모습대로 사는 것이다. 개성화를 통하여 콤플렉스에서 벗어날 수 있으며, 내면의 고통으로부터 자유로움을 회복할 수 있다는 것이다. Jung은 자기가 되는 것, 자신의 본래성을 되찾는 것, 즉 자기를 실현시키는 것은 어느 지점에서 끝나는 것이 아니라 우리의 삶의 전 과정을 통하여 계속되는 과정이라고 강조하였다. 그러므로 개성화 과정은 끊임없이 어려움을 극복해가는 과정이며, 평생 추구해야 하는 작업이다.

우리가 자신의 콤플렉스를 극복하려면 먼저 자신의 콤플렉스를 정확하게 찾아서 발견해야 한다. 그리고 자신의 콤플렉스를 있는 그대로 인정해야 한다. 우리는 자주 자신의 콤플렉스를 발견하고도 그럴 듯한 이유와 변명을 대며 자신의 콤플렉스를 인정하지 않으려고 한다. 콤플렉스로 인하여 불쾌하게 느껴지는 사실을 우리는 외면하려고 하며 감추려고 한다. 그러나 우리 스스로 깨닫고 인정한 자신의 약점은 더 이상 약점이 되지 않는다. 콤플렉스는 무의식 중에 우리의 행동을 좌지우지 하지만 한편으로 에너지의 원천이기도 하다. 이렇듯 콤플렉스는 부정적 요소뿐만 아니라 긍정적 요소도 함께 가지고 있어서 자기 성장을 방해하기도 하고 촉진하기도 한다. Jung은 콤플렉스가 우리의 삶에 꼭 필요한 영감과 충동의 뿌리가 될 수 있다고 하였다. 아들러도 개인 무의식과 열등 콤플렉스를 집중 연구한 후, 각 개인의 노력과 관심에 의해 콤플렉스를 긍정적인 방향으로 승화시킬 수 있다고 하였다.

현대는 개성과 자아가 존중되는 시대이다. 오늘을 사는 우리들은 스스로 부족하다고 생각하는 부분을 콤플렉스라고 여겨 감추고 자신을 억제하기 보다는 자신을 스스로 사랑하는 자세와 자신의 삶을 창조적으로 가꾸어 가는 것이 필요할 것이다.

작성해 본 후 생각해 보세요

[나도 사내 대장부 콤플렉스에 사로잡혀 있을까?]

각 문항을 읽고, 1점(전혀 그렇지 않다)~4점(매우 그렇다) 중에서 평소 자신과 가깝다고 생각하는 정도를 ( )에 쓰세요.

※ 1점 전혀 그렇지 않다, 2점 대체로 그렇지 않다, 3점 대체로 그렇다,

　4점 매우 그렇다

1. 나는 일에서 성공하는 것을 생의 목표로 삼고 있다. …… (　　　)

2. 나는 가족을 위해 돈을 벌어야 한다. …… (　　　)

3. 나에게 과중하고 힘든 일도 서슴없이 한다. …… (　　　)

4. 남자는 가족의 존경을 받아야 한다. …… (　　　)

5. 남자는 주장을 굽혀서는 안 된다. …… (　　　)

6. 나는 감정적이기보다 이성적이다. …… (　　　)

7. 남자는 항상 자부심이 강해야 한다. …… (　　　)

8. 나는 고통스러워도 내색하지 않는다. …… (　　　)

9. 나는 고통스러워도 내색하지 않는다. …… (　　　)

10. 거칠어 보이는 남자가 좋다. …… (　　　)

11. 나는 남 앞에서 걱정거리를 늘어놓지 않는다. …… (　　　)

12. 남자는 경우에 따라서는 폭력을 쓸 수 있다. …… (　　　)

13. 나는 약해 보이는 것이 싫다. …… (　　　)

14. 남자는 육체적으로 강해야 한다. …… (　　　)

15. 남자는 모험을 즐길 줄 알아야 한다. …… (　　　)

16. 나는 "여자같다"는 말을 들으면 기분 나쁘다. …… (　　　)

17. 요리나 바느질하는 남자는 매력이 없다. …… (   )

18. 남자는 여자가 주로 하는 일이나 직업을 가지면 안 된다. …… (   )

19. 화장, 액세서리 등 치장하는 남자는 보기 흉하다. …… (   )

20. 남자가 남 앞에서 우는 것은 부끄러운 일이다. …… (   )

[나도 착한아이 콤플렉스에 사로잡혀 있을까?]

각 문항을 읽고 여러분이 해당한다고 생각하는 문항에 O표 하세요.

1. 나는 의사결정을 할 때 주로 다른 사람의 의견에 따른다. …… (   )

2. 나는 할 말을 못해서 답답하다는 느낌이 든다. …… (   )

3. 나는 모든 사람을 믿을 만하다고 여긴다. …… (   )

4. 나는 부탁을 제대로 못 들어주면 미안한 마음이 든다. …… (   )

5. 나는 쉽게 상처를 받는다. …… (   )

6. 나의 부정적인 기분이나 감정을 겉으로 드러내지 않는다. …… (   )

7. 나는 눈치를 많이 본다. …… (   )

8. 나는 늘 손해 보는 느낌이 든다. …… (   )

9. 나는 상대방이 화를 내거나 언성을 높이면 대처를 못한다. …… (   )

[출처] 일곱 가지 남성 콤플렉스

제10장

사회인으로서 인성에 대한 사색

사회인으로서 인성에 대한 사색

1. 인성덕목

인성에 대하여 사전에서는 사람의 성품 또는 각 개인이 가지는 사고와 태도 및 행동특성으로 정의하고 있다. 그래서 '인성'이라는 개념은 인품, 인격, 개성, 성격, 인간성, 사람됨, 인간의 본성, 심상, 도덕성 등 매우 추상적인 의미로 다양하게 사용되어 왔다. 다소의 차이는 있으나 교육학 분야에서는 인성으로, 정신분석학 분야에서는 인격으로, 심리학 분야에서는 성격으로 통용되고 있다.

인성이라는 단어의 뜻을 살펴보면 'personality(인성)' 또는 'character(성격)'로 번역되는데, 두 용어가 혼용되고 있지만 'personality'는 우리말에 있어서 '인성'과 '성격'을 모두 포괄하는 개념이라고 할 수 있다. 이를 좀 더 자세히 살펴보면, 인성의 내면에는 개성, 기질, 성격 등 개인의 심리적 특성이 포함되어 있음을 강조한 개념이 있는가 하면, 인간성, 사람됨, 도덕성 등 개인이 내면화해야 할 사회나 시대의 신념, 문화, 가치를 보다 강조하는 개념이 있다. 즉 인성의 개념에는 개인적 요소와 사회적 요소가 모두 포함되어 있다.

인성의 핵심가치·덕목에 대해서 학자들과 기관에서는 다양한 의견을 제시하고 있다. 강선보 등(2008)은 관계성(상호관계적 삶을 추구하는 공생인), 도덕성(도덕적 통합성을 추구하는 인격인), 전인성(인간의 모든 측면이 조화롭게 발달한 전인), 영성(초월적인 것을 체험하는 영성인), 생명성(생명을 살리는 생명인), 창의성(삶과 상황을 재창조하는 창의인), 민주시민성(공동체에 참여하는 민주시민)을 제시하였다.

천세영(2012)은 인성의 핵심가치를 도덕성, 사회성, 감성의 세 가지 차원으로 구분하여 각각의 차원은 알고, 느끼고, 실천할 수 있는 그리고 객관적으로 평가가 가능한 두 가지 핵심역량으로 구성하였다. 그리고 현주 등(2013)의 연구에서는 인성의 내용을 수행적 인성, 도덕적 인성, 사회적 인성으로 구분하여 인성 역량들이 인지적·정서적·행동적 차원에서 균형적으로 개발될 수 있도록 제안하였다. 인성덕목에 대한 여러 의견을 요약하여 제시하면 다음 <표 10-1>과 같다.

표 10-1 인성덕목에 대한 선행연구들

구분 출처(연구)	인성 덕목
교육기본법 제2조	홍익인간으로서의 '배려와 나눔'
교육부(2013): 인성교육 강화 기본계획(안)	정직, 책임, 존중, 배려 공감, 소통, 협동
「인성교육진흥법」 제2조	예(禮), 효(孝), 정직, 책임, 존중, 배려, 소통, 협동
도덕과 교육과정	생명존중, 성실, 정직, 자주, 절제, 경애 효도, 예절, 협동 준법, 책임, 타인배려, 정의, 공동체 의식, 민족애 인류애
교육과학기술부 한국과학창의재단 (2010)	인간관계 덕목: 정직, 약속, 용서, 배려, 책임, 소유
교육부 인성검사(2014)	정직, 절제, 자율, 책임 및 성실, 배려 및 소통, 예의, 정의, 시민성, 인류애, 지식 및 지혜
이명준 외(2011)	존중, 배려, 책임, 신뢰성(정직), 정의, 공정성, 시민성
김재춘 외(2012)	- 개인 내적인 부분: 긍정적인, 도덕적인, 윤리적인 성품과 정서적인 성품, 민주시민의식, 자기존중, 정직, 성윤리, 정의, 평등의식, 절제, 직업윤리, 인격도야, 자주적 생활, 문화적 소양, 다원적 가치 인정, 관심과 배려, 리더십, 준법, 팀워크 - 개인 외적인 부분: 사회적인 성품, 타인존중, 공공질서의식, 경로효친, 생명존중, 사회연대의식, 애국애족, 배려와 나눔의 실천, 전지구적 문제에 대한 해결 노력

천세영 외(2012)	정직, 책임, 공감, 소통, 긍정, 자율,
현주 외(2013)	성실(근면), 정직, 책임, 용기, 정의, 소통, 인내(끈기), 공감, 자율, 협동, 긍정(낙관성), 배려, 절제(자기조절), 민주시민의식, 예의
엄상현 외(2014)	지혜, 용기, 성실, 절제, 효도 예절, 존중

2. 인성함양을 위한 교육

　교육은 인간을 대상으로 하는 '인간의 가치 있는 활동'이라고 할 수 있으며, 이러한 교육의 정의 속에는 가치개념과 인간을 전제로 한다는 사실이 포함되어 있다. 인성교육을 한다는 것은 인성은 '길러지는 것'으로 보는 경향이 있다는 것을 나타낸다. 인성교육은 인성을 함양하기 위한 교육적 행위이기 때문이다. 인성교육은 친사회적인 덕목을 갖추도록 하는 교육으로 규정할 수 있다.

　2015년에 제정된 '인성교육진흥법' 제2조(정의)에서는 인성교육 관련 용어들을 다음과 같이 제시하고 있다. "인성교육"이란 자신의 내면을 바르고 건전하게 가꾸고 타인·공동체·자연과 더불어 살아가는데 필요한 인간다운 성품과 역량을 기르는 것을 목적으로 하는 교육을 의미한다. 이를 위한 핵심가지·덕목이란 예(禮), 효(孝), 정직, 책임, 존중, 배려, 소통, 협동 등의 마음가짐이나 사람됨과 관련되는 것으로써 8가지의 핵심적인 가치 또는 덕목을 설정하였다. 그리고 "핵심역량"이란 핵심가치·덕목을 적극적으로 능동적으로 실천 또는 실행하는데 필요한 지식과 공감·소통하는 의사소통 능력이나 갈등해결 능력이 통합된 능력이라고 하였다.

　손승남(2014)은 대학에서의 인성교육을 실천적인 관점에서 논하는 연구에서 대학 인성교육 내용으로 몸 교육(건강한 몸의 보존과 육성 그리고 성교육), 마음 교육(건전한 정서와 도덕성 함양), 지혜 교육(지성과 창조력의 육성), 민주시민교육(기초질서교육 및 합리적 의사결정 능력 배양), 세계시민교육(국제이해교육과 상호문화교육)을 제시하였다.

　Lickona와 Davidson(2005)에 의하면 인성교육은 도덕적 지식, 도덕적 감성, 도덕적 행동으로 구성되어 있으며 서로 독립된 영역으로 기능하지 않고 서로 영향을 주고받는다. 특히 도덕적 행동은 도덕적 지식과 도덕적 감정의 영향을 많이 받는다. 다시 말하자면, 우리가 어떻게 행동하는가는 어떻게 생각하고 느끼느냐에 달려 있다고 본다.

한편, 강진령 등(1998)은 인간의 가치를 신장시키고 인간다운 인간을 육성하기 위한 인성교육의 구체적인 목표를 다음과 같이 제시하고 있다.

첫째, 인성교육을 통해 학생 자신에 대한 올바른 이해를 도모하는 것이다. 다양한 특성을 지닌 학생 자신으로 하여금 자기 자신을 바르고 정확하게 이해하도록 하는 일이다. 자기 자신을 올바르게 이해하는 사람은 자신에게 가장 합리적이고 현실적인 행동을 선택하고 실행할 수 있기 때문이다.

둘째, 인성교육을 통해 학생 자신을 존중하고 수용하는 자세를 기를 수 있도록 하는 것이다. 이는 지나친 자기애(自己愛)나 이기적인 품성, 혹은 자기 자신을 무가치한 사람으로 여기거나 자신의 감정을 숨기고 왜곡하는 것과는 다른 것으로서, 자신의 가치와 장점을 인식하면서 동시에 자신의 부족함도 인식함으로써 자신을 있는 그대로 받아들이도록 하는 것이다.

셋째, 인성교육을 통해 자기통제 및 조절 능력을 함양하는 것이다. 자기 자신의 일시적인 감정이나 충동을 통제하고 조절할 수 있는 능력은 바람직한 인성을 지닌 사람들의 또 하나의 공통적인 특성이다. 바람직한 인성의 소유자는 자신의 본능적 충동이나 감정 때문에 좌절하기보다는 이를 승화시켜 표현한다. 따라서 감정과 본능을 창조적으로 사용할 줄 아는 사람이야말로 건전한 인성의 소유자라 할 수 있다.

넷째, 인성교육을 통해 올바른 현실 감각을 배양하는 것이다. 이상이나 기대를 지나치게 앞세운 나머지 현실을 무시하고 행동하는 것은 타인과의 원만한 인간관계를 방해하고 지나친 이상주의와 현실 사이의 딜레마다 빠지게 할 위험이 있다. 자신의 환경, 사회적 맥락, 그리고 주어진 과제의 특징 등을 정확히 이해하는 현실에 기초한 사고는 건전한 인성의 필수적인 요소인 것이다.

다섯째, 인성교육을 통해 타인에 대한 공감적 이해와 타인 존중의 자세를 함양하는 것이다. 공감(共感)이라는 말은 말 그대로 타인의 감정을 공유하는 것으로써, 상대방의 입장을 이해하면서도 결코 자기 자신을 잃지 않는 것을 말한다. 솔직한 자기 표현과 타인에 대한 공감적 자세는 보다 깊고 원숙한 인간관계를 형성하는 토대가 된다.

인성교육 프로그램의 사례를 국내와 국외로 나누어 살펴보면 다음의 <표 10-2>, <표 10-3>, <표 10-4>와 같다.

표 10-2 교육부 개발 인성교육 프로그램: 국내 사례

연도	자료명	학교급	분량	내용
2015	두근두근 설레는 인성교실 여행	초등학교	10차시	- 사회적 기술을 활용한 학급 운영 - 학급 경영에 필요한 핵심역량을 선정하여 각 차시 제목을 학생들에게 익숙한 속담으로 제시
	마음아람 프로젝트	중학교	16차시	- '인물(exemplars)'을 활용한 인성함양 지도자료 - 단원별 인물 동영상 1편씩 제작하여 인물 동영상 시청 및 개별·모둠단위 자기주도적 활동을 통해 인성역량을 내면화하도록 구성
	자아성찰과 인성 함양을 위한 인문고전 읽기자료	중학교	30개 주제	- 인문고전(30권)을 통한 자아성찰과 인성 함양 - 8개 인성 덕목(예, 효, 정직, 책임, 존중, 배려, 소통, 협동) 덕목별로 관련 인문고전(동양, 서양, 한국) 및 주제 제기
	안다미로 프로젝트	고등학교	17차시	- 인문학 텍스트를 활용한 인성교육 지도자료 - 다양한 주제와 관련된 인문학적 물음을 바탕으로 인문학적 텍스트를 코믹스로 제시한 후 관련 활동 진행
2016	인성GPS(Game, Play, Story: 놀이, 연극, 동화)로 떠나는 행복한 마음 여행	초등학교	18차시	- 공감, 수용, 진정성을 중심으로 한 인성 핵심역량 신장 - 학생 흥미를 높일 수 있는 놀이, 연극, 동화 활용
	주인공으로 함께 살아가기	중학교	10차시	- 자율활동, 봉사활동, 진로활동과 연계하여 스토리텔링 및 사회정서학습을 기반으로 한 인성역량 강화 - 주제별 관련 애니메이션과 웹툰 제작

연도	자료명	학교급	분량	내용
	한.살.공(한마음으로 살아가는 공동체) 만들기 프로젝트	고등학교	12차시	- 배려와 존중의 공동체를 형성할 수 있는 인성 함양 - 7개 주제로 구성: 한 배에 같이 타기, 긍정적 마음 가지기, 마음과 마음의 만남, 믿어주는 마음, 마음으로 듣고 마음으로 표현하기, 한마음 되기, 한마음으로 나아가기
	부모와 자녀가 함께하는 토닥토닥 공감교실	초, 중, 고	19차시	- 자아공감, 타자공감, 사회공감 중심의 부모 또는 부모와 자녀가 함께할 수 있는 인성교육 프로그램 - 학급운영, 학부모의 참여의 날, 학교 행사, 주말 등 활용
	국어과 인성교육 지도자료(초등학교 3학년, 4학년용)	초등학교	34차시	- 2015 개정 국어 교과 교육과정과 연계, 공감을 대주제로 한 인성교육 지도자료 - 국어과 단원 및 영역별 내용 체계와 연계하여 구성
2017	국어과 인성교육 지도자료(중학교 1학년용)	중학교	10차시	- 중학교 1학년 국어 수업 내에서 실천할 수 있는 인성교육 사례 5개 성취 기준 총 10차시 수업 구성 - 미디어 텍스트를 활용한 인성교육 자료(인성교육용 뉴스 텍스트 활용 자료) 20편 제시
	국어과 인성교육 지도자료 (고등학교 1학년용)	고등학교	10차시	- 고등학교 1학년 국어 수업 내에서 실천할 수 있는 인성교육 사례 5개 성취 기준 총 10차시 수업 구성 - 미디어 텍스트를 활용한 인성교육 자료(인성교육용 뉴스 텍스트 활용 자료) 20편 제시
	기웃기웃 지구촌 마주보기	중, 고	17차시	- 세계시민의식 함양을 위한 인성교육프로그램 - 3개(문화, 공동체, 지구촌) 영역으로 구성

연도	자료명	학교급	분량	내용
2018	교과에서 인성 인권을 만나다	초, 중, 고	초 15차시 중 15차시 고 16차시	- 교과교육을 통한 인성/인권 교육 수업구현 - 9개의 인권교육주제로 구성 - 2015 개정교육과정에 따른 교과 성취기준과 인성, 인권교육을 연계하여 체계적 교육 실현
	민주시민성 함양을 위한 인성 교육 프로그램	중학교	17차시	- 민주시민성 함양을 위한 인성교육프로그램 - 7개 주제영역으로 구성: 민주주의, 자유, 평등, 정의, 공감·소통, 연대, 민주시민
	놀이가 꽃피는 인성놀이터	초등학교	49차시	- 놀이를 활용한 인성교육 프로그램 - 4개의 놀이영역으로 구성: 짬짬이 놀이, 수업 놀이, 창의적 체험활동 놀이, 체육 놀이

교육부(2020), 제2차 인성교육종합계획[2021~2025]에서 발췌

표 10-3 교육부 인증 인성교육 프로그램: 국내 사례

연도	자료명	학교급	분량	내용
2018	스스로 깨닫는 마음빼기 명상교실	중학교	34회차	- 사단법인 전인교육학회 개발 - 자기발견, 자기이해, 관계&소통, 미래&행복 영역으로 구성. 간단명료한 명상 방법 제시를 통해 학생 스스로 자신의 삶을 성찰하여 인성역량의 근본적인 변화를 이끌어 내도록 도움
	New3Rs 인성교육	중학교	66차시 (9개 모듈)	- 사단법인 청소년교육전략21 개발 - 믿음, 존중, 책임이라는 새로운 3R을 통하여 청소년에게 인권과 시민교육의 적합한 가치 교육
2019	어린이 친환경 논 산책 프로젝트 "논에서 놀자"	유치원	11차시	- 화성시청 농식품유통과 개발 - 인성교육진흥법(2015), 누리과정과 표준보육과정 교육 내용의 예, 효, 존중, 소통, 책임, 정직, 배려, 협동 등의 인성교육 내용을 벼의 일생, 일상생활, 놀이를 통하여 습득하는 교육

연도	자료명	학교급	분량	내용
	동물과 마음을 나누는 동물교감 교육 〈학교꼬꼬, 학교깡총, 학교멍멍, 학교음매〉	초등학교	총 63차시	– 국립축산과학원 개발 – 동물과의 상호 교감을 통해 인지적, 정서적, 사회적, 신체적 발달을 촉진시키고 목표한 교육효과를 얻을 수 있는 활동
	글로벌브릿지 프로그램 〈다문화과정 학생 세계문대로 GOGO〉–	초등학교	14차시	– 진주교육대학교 개발 – 다문화가정 학생의 잠재 능력을 계발하고 글로벌 인재로 육성하기 위한 특별 교육 프로그램 – 글로벌 리더로서의 통솔력을 기르기 위한 이상적인 역할모델을 모색하는 교육
	법 친구! 행복한 우리	초등학교	10차시	– 법무부 보호정책과 개발 – 도덕성을 증진해 올바른 인성을 함양하고 학교 단위에서 법질서 준수 등 민주시민 의식 제고와 사회참여를 지원할 수 있도록 하는 교육
	인성아! 놀자	초등학교	10차시	– 법무부 보호정책과 개발(구분: 3부, 총 10차시) – 초등학생의 사회정서역량 개발을 통해 학생들이 자신의 내면을 바르고 건전하게 가꾸고 타인·공동체·자연과 더불어 살아가는데 필요한 인간다운 성품과 역량을 기르도록 하는 목표를 둔 프로그램
	따뜻한 언어 행복한 우리 아름다운 세상	초등학교	10차시	– 국립국어원 개발 – 학생들이 스스로 자신들이 사용하는 언어를 탐구해 보고 언어문화 개선의 필요성을 인식하게 하여 다양한 상황에서 적절히 의사소통할 수 있도록 도움

연도	자료명	학교급	분량	내용
2020	청소년 인성교육 프로그램 「올바름」	중학교	10차시	- 한국청소년상담복지개발원 개발 - 기존 프로그램과의 차별성을 두기 위해 청소년·학교·지도자 맞춤형으로 프로그램을 개발하여 효과성을 향상 - 프로그램 효과 지속을 위해 인성요인별 (자기존중, 성실, 배려·소통, 책임 등) 인물을 설정한 프로그램
	마음모아 톡톡	중학교	10차시	- 법무부 보호정책과 개발 - 타인에게 공감하고 배려할 수 있으며, 주변인 학생 대처의 중요성을 알고 학교에서의 갈등과 폭력 상황에 바람직하게 대응할 수 있는 역량을 함양할 수 있도록 도와주는 프로그램
	도(道)시(時)락(樂)처럼 행복을 주는 사람이 될래요	유치원	연간	- 대구 효성유치원 개발('18년 최초 인증, '20년 재인증) - 사회성, 자존감, 독립심, 자신감과 배려, 효, 협력, 질서, 나눔 등의 인성 덕목을 함양하기 위한 실천 중심 인성교육 프로그램
	까치서당 (까치서당에서 군자되다)	초등학교	30회차	- 한국지역사회교육협의회 개발('18년 최초 인증, '20년 재인증) - 한학(스토리텔링, 고전성독, 영상시청 등), 놀이(전래놀이, 요리, 다도 등)의 전통문화체험을 중심으로 한 인성교육 프로그램

교육부(2020), 제2차 인성교육종합계획[2021~2025]에서 발췌

표 10-4 외국인 인성교육 프로그램

연도	인성교육 프로그램 내용

미국	1. CDP(Child Development Project) 프로그램
	  − 상호관계를 돕는 협동적인 학습활동과 타인에 대한 이해와 자기통제를 키워가는 인성교육
	2. 역사적 교육을 통한(Facing History and Ourselves) 프로그램
	  − 인간성 속에 내재된 편견을 불식시키고자 하는 목적의 인성교육
	  − 예를 들어, 나치시대의 학살을 주제로 한 프로그램은 인간 가치와 존엄성을 인식시키려는 목적을 가진 대표적인 프로그램
	3. 법의식(Law in Free Society) 프로그램
	  − 캘리포니아 변호사협회가 주관하고 지원하는 인성교육 프로그램
	  − 법에 대한 이해와 존경을 갖도록 하는 것이 중요한 목표임
	  − 유치원부터 고등학교까지 다양한 내용으로 권위, 정의, 사적 권리, 책임, 자유, 다양성, 그리고 참여 등을 주요 덕목으로 가르침
	4. VIF(Voice for Love Freedom) 프로그램
	  − 사랑과 자유가 주제마로 등장하는 이야기를 청소년들에게 들려주고 토론하고 이야기하게 함으로써 도덕성과 인성을 함양하고자 함
	5. 정의, 공동체(Justice Community Approach) 인성교육 프로그램
	  − 전 세계적으로 가장 널리 활용되고 있는 대표적 인성교육 프로그램
	  − 학교에서 뿐만 아니라 교도소나 집단생활 장소에서 활용되고 있음

영국	예절과 기본생활습관을 지도하는 인성교육을 다른 나라처럼 도덕 교과에서 주로 담당하는 것이 아니라, 종교교육과 여러 교과교육을 통해 도덕적인 생활 태도와 습관에 대해 꾸준히 인성을 지도하고 있음
프랑스	국가에서 비용의 70%까지 지원하는 클라스드 네쥬 등 각종 레저시설과 사회교육 프로그램을 다양하게 개설하여 인성교육 및 정서교육을 하고 있음

읽고 생각해 보세요

[출처: 손성화, 김진숙(2016). 대한민국 교육, 생각에 빠지다.

공동체. pp. 92~94.]

"타인의 배려와 존중은 말에서부터 시작한다."

요즘 우리 사회에서는 대화를 할 때 상대방에 대하여 배려 없이 막말하는 대화 장면을 쉽게 볼 수 있다. 사전에도 없는 새로운 말들이 만들어지고, 특히 아이들이 만들어 내는 SNS상의 신조어들은 알아듣기가 힘들다. 말은 에너지이다. 긍정의 에너지도 있고, 부정의 에너지도 있다. 예로부터 '말 한마디로 천 냥 빚을 갚는다'라는 속담이 있다. 이 속담에서 보듯이 인간의 말은 엄청난 에너지를 품고 있다.

말은 무서운 힘을 가지고 있다. 말이 중요하다. 말 한마디가 상대방의 마음을 다치게 하고, 결국 죽음에 이르게 하는 경우도 있다. 인간의 말은 행동에서 왔다고 하는 학자도 있다. 행동이 생각되고 말이 되었다고 한다. 무심코 던진 한마디가 상대방에게 비수가 되어 꽂히는 것이다. 결국, 배려가 없는 말 한마디가 그만큼 무서운 것이다.

육체적인 고통을 느끼게 하는 폭력보다도 어떻게 보면 언어폭력이 더 무서운 폭력일 수 있다. 정신적인 고통은 쉽게 지워지지 않는다. 언어적·육체적 폭력은 결국 상대방을 자살에 이르게 한다. 그리고 침묵의 언어, 요즘 말하는 왕따 또한 말의 부정적인 힘이다.

거꾸로 도서관 프랜차이즈 사업을 하면서 가사토(가족과 사회가 함께하는 토론)라고 하는 프로그램을 진행하고 있다. 프로그램 중에 상대방의 마음 읽기 과정이 있다. 여기에서 부모는 자녀의, 자녀는 부모의 머릿속에 평소 무슨 생각을 하는지 그리고 듣고 싶은 말, 하고 싶은 말, 듣고 싶지 않은 말, 해주고 싶은 말을 적는 시간이다. 아이들의 듣고 싶지 않은 말, 듣고, 싶은 말은 보통 비슷하게 나타났다. 거의 비슷한 마음을 가지고 있었다.

- 엄마의 머릿속 생각들: 밥, 학원비, 나의 공부, 월급, 옷, 잠, 청소, 유학비, 가족, 건강, 잔소리, 딸 생각, 돈 생각 등

- 아이의 듣고 싶지 않은 말: 공부해, 조용히 해, 엄마 말 들어, 메시지 보내고, 책 읽어, 놀지 마, 휴대전화 만지지 마, 빨리 자라, 용돈 없다, 방 정리해, 방과 후 가라, 그만 먹어, 가시나, 오빠 말 들어, 엄마 도와, 숙제 좀 해. 나. 학교 마치고 바로 와라 등
- 아이의 듣고 싶은 말: 학원 안 가도 된다, 공부하지 말고 놀아라, 용돈 많이 줄게, 휴대전화 해도 된다 등의 듣고 싶지 않은 말과 반대되는 말

부모는 자녀의 거울이다. 아이들은 스펀지와 같아서 부모의 모든 행동과 언어들을 받아들이고 그대로 답습한다. 가문이 중요한 이유는 바로 부모의 부모로부터 생각하는 것, 식생활 등 모든 것이 전승되어 내려오기 때문이다. 지시와 명령으로 길든 아이들은 반항과 복수심을 마음속에 담고 있게 된다. 누구나 아름답고, 좋은 말을 듣고 싶어 한다. 부모로부터의 아름다운 말, 고운 말, 행복한 언어, 존댓말 등이 우리 아이들이 존중받는다는 느낌을 받게 하고 자존감이 높은 아이들로 자라게 할 것이다. 여러분은 얼마나 타인을 배려하고 존중하는가? 타인의 배려와 존중은 말에서부터 시작한다.

제11장

창의성

창의성

1. 창의적인 사람

여러분은 자신을 어떤 사람이라고 생각하는가? 자신을 창의적이라고 여기는가? 아니면 창의적인 사람이 아니라고 생각하는가? 혹은 어릴 때는 무척 창의적이었는데 학교공부를 많이 하다 보니, 너무나 많은 지식을 쌓다 보니, 그 지식에 짓눌려 창의적인 생각할 여지가 없어졌다고 생각하는가?

창의적인 사람이 되기 위해 생각해 볼 내용은 다음과 같다.

첫째, 만약 여러분들이 자신에 대해서 '나는 창의적이지 않아', '난 학교 공부가 시작되면서 창의성을 잃어버렸어'라고 생각한다면 다시 한번 생각해 보아야 할 것이다. 자신의 창의성에 대해서 인식하라. 내가 남과 다른 생각을 한다는 것을 두려워해서, 혹은 남에게 특별나고 특이하게 보이는 것이 싫어서 창의적인 사고 자체를 누르고 있었던 것은 아닐까? 창의적인 사람은 남이 무엇이라고 평가하는지에 대해 얽매이지 않는다. 개개인 나름대로의 생각을 자유롭게 표현하고 발산하는 연습과 태도를 가지는 것이 중요한 일이라는 것을 인식하는 것이 중요하다.

둘째, 학교 공부가 자신의 창의적 사고에 방해가 되었다고 여기는가? 그것은 바람직하지 않은 생각이다. 수준 높은 창의성, 창의적인 산출물이 나오기 위해서 각 영역의 기본적인 지식이 없이는 불가능한 일이기 때문이다. 만약 물리학 영역, IT분야, 미술 분야, 음악 분야 등등 각 영역에서 놀랄 만한 창의적인 업적을 만들어내고 두

각을 나타내기 위해서 그 분야의 지식 없이도 가능할까?

창의성은 진공상태에서 발산되는 것이 아니다. 과학자, 예술가, 작가 등 창의적 작업을 하는 누구일지라도 끊임없는 탐구, 습작, 노력 등을 한 후에 사람들에 알려지는 놀라운 창의적인 업적이 나오게 되는 것이다. 잠깐 반짝하는 아이디어는 가능할지 몰라도, 수준 높은 창의성은 분야별 지식을 기반으로 하여 만들어지는 것이기 때문이다. 그러므로 창의적인 사람들은 각자의 재능영역에 대한 지식이 밑받침되어야 각 영역에서의 창의적 산출이 가능한 것이다.

창의성(creativity)은 일반적으로 '새로움에 이르게 하는 개인의 사고관련 특성'을 말하는데, Guilford(1970, 1986)는 '창의성은 새롭고 신기한 것을 낳는 힘'이라고 정의했으며, 창의성을 인지적인 측면에서 보는 학자들은 창의성이 확산적 사고와 관련이 있으며, 문제에 대한 민감성, 사고의 유창성, 융통성 및 독창성, 그리고 주어진 문제를 세분화하고 명료화하는 정교성 등이 확산적 사고능력에 포함된다고 보았다. Sternberg(1988)는 무엇인가 새롭고, 문제상황에 적절한 것을 만들어 낼 수 있는 능력으로 보았으며, Urban(1990)은 '주어진 문제나 감지된 문제로부터 통찰력을 동원하여 새롭고, 신기하고, 독창적인 산출물을 내는 능력'을 의미한다고 하였다. de Bono(1990)는 창의적 사고를 수평적 사고(lateral thinking)로 정의하면서 아이디어의 진위를 따지기 위한 논리적 사고인 수직적 사고(vertical thinking)보다는 판단을 유보하고 여러 아이디어를 탐색하며 다양성이 중점을 두고 수많은 사고의 통로를 생성하는 사고, 즉 새로운 아이디어, 방법, 관점 등을 모색하는 사고로 보았다. 따라서 창의성은 독창적이고 적합하면서도 유용한 것을 만들어 내는 능력, 즉 '독창성/신기성(originality/novelty)' 및 '유용성(usefulness)'이라고 하였다.

창의성의 정의를 분류하기 위해 가장 널리 사용되고 있는 방법은 Rhodes가 구분한 방법이다. Rhodes(1961)는 창의성 연구를 위해 다양한 창의성의 정의를 수집하여 분석하였다. 중복되거나 복잡하게 연결되어 있는 정의를 비교·분석하여 네 가지의 분류방법으로 제시하였는데, 이러한 방법이 널리 알려진 고전적 4P 이론이다. 첫째, 창조물이 나올 수 있는 창의적인 환경(Environment)·장소(Place) 등의 압박(Press), 둘째가 창의적인 산출물(Product), 셋째가 창의적인 과정(Process), 넷째가 창의적인 사람(Person)이다. 수많은 창의성의 정의를 4P로 구분 짓는 방법이 오늘날까지도 널리 사용되는 것은 연구영역에 중점을 두고 분류할 수 있기 때문이다(Isaksen, 1987).

창의적인 산출물적인 입장에서는 창의적인 산출물이 나오는 것을 창의성을 발휘한다고 생각하는 것이다. 따라서 사람 자체를 창의적인 산출물로 보기도 한다(MacKinnon, 1995). 산출물의 기준에서는 새로움과 적절성을 주요 기준으로 들고 있다. 따라서 창의적인 산출물이란 기존에 없던 새로운 것이면서도 사람에게 수용되고 사용될 수 있는 유용한 것이어야 한다는 기준이 있다.

창의적인 환경에 대해서는 창의성을 발현할 수 있는 환경의 중요성을 연구하는 많은 학자들에 의해서 주장되어 왔다(Amabile & Henessey, 1989). 인간의 아이디어는 그 사람이 속한 환경과 삶 속에서 경험하는 다양한 관계 속에서 나오는 것이라고 정의하였으며, 최근에는 환경적인 요소가 창의성을 발현하는 데 필수적이라는 연구가 진행되고 있다(Sternberg & Lubart, 1991, 1995). 그 후 설득(Persuasion)과 잠재성(Potential)이 추가되어 6P가 강조되기도 한다.

창의적인 과정은 동기유발, 인식, 학습, 사고, 대화 등과 관련이 있다(Rhodes, 1961)고 보았는데, Torrance(1988)는 창의성을 창의적 과정으로 정의해서 기존에 관련되지 않았던 아이디어들을 조합하거나 새로운 방식으로 고찰하고 새로운 사고들을 조합하거나 새로운 관계를 인지하는 과정으로 보고 있다. 창의성이 매우 특별한 사람들에게만 존재해서(예를 들면 Mozart, Picasso, Einstein 등) 창의적인 과정은 가르칠 수 없다고 보는 학자들도 있으나, 창의성은 누구에게나 존재하고 창의적인 과정은 훈련시킬 수 있으며, 창의적인 과정이 계발된다고 보는 입장의 학자들(Osborn, Torrance, Taylor, Schank, Langley)이 많으며, Rhodes도 창의성은 누구에게나 존재하는 것으로 가르칠 수 있고 배울 수 있는 것으로 보았다(한순미 외, 2005).

2. 창의적 능력

여러 가지 지적 능력이 창의성과 관계가 있다. 사고에서의 기능은 '~를 할 수 있는 힘'과 '그 힘의 숙달된 상태'를 포함하고 있다. 그러나 여기서 다루는 창의적 사고의 기능은 숙달된 상태가 아닌, 힘에 한정한다. 이런 힘을 숙달시켜 창의적 사고를 가능하게 하는 노력은 창의성 교육의 영역이다. 창의적인 사고에서 요구되는 기능은 전반적인 사고과정에서 요구되는 것과 크게 다르지 않으며, 창의적 사고를 할 수 있게 해주는 능력적인 측면의 기초를 말한다. 실제로 창의성과 전혀 무관한 정신적 능력을 분리하기란 매우 어렵다. 다음에 설명하는 항목들은 중요한 창의적 능력을 포함하고 있다. 이들 대부분은 창의성에 대한 연구, 특히 Torrance의 연구(1962, 1979, 1980, 1984, 1988)에서 제시된 것이다. 다음에 제시되는 능력 가운데 네 가지 능력, 즉 유창성, 융통성, 독창성, 정교화 능력은 Guilford(1967), Torrance(1966)의 창의성 검사와 이경화(2003, 2013)의 창의성 검사 등을 통해 측정될 수 있다.

① 유창성

특정한 문제상황이나 주제에 대해 주어진 시간 안에 가능한 한 많은 양의 아이디어나 해결책을 산출하는 능력을 의미한다. 창의적인 사고의 궁극적인 목적이 보다 독창적이며 질적으로 우수한 사고를 산출하는 데 있다 하더라도 사고의 과정에서 우선은 사고의 한계를 설정하지 않고 아이디어를 가능한 한 많이 산출하는 단계를 거칠 필요가 있다. 아이디어의 양이 많다고 해서 질적으로 우수한 해결책이 나오는 것은 아니지만, Osborn이 주장한 바와 같이 많은 아이디어 중에 질적으로 우수한 아이디어와 해결책이 나온다는 기대를 갖고 아이디어를 내는 것이다. 초기의 아이디어가 최선의 아이디어인 경우는 드물며, 보다 많은 아이디어를 산출하고자 하는 과정에서 보다 질 좋은 아이디어를 얻게 될 가능성은 그만큼 커질 것이기 때문이다. 이렇게 볼 때 유창성은 창의적 사고의 과정에서 비교적 초기단계에 요구되는 기능이라 볼 수 있다.

- 특정한 사물과 관련된 것을 자유롭게 떠올리기
- 특정한 문제상황에서 해결방안을 될 수 있는 대로 많이 제시해 보기
- 어떤 대상(언어, 도형)이나 현상들로부터 가능한 많은 것을 연상해 보기

② 융통성

사회의 일반적인 사고방식, 관점, 시각에서 벗어나 다양하고 광범위한 아이디어나 해결책을 산출해 내는 능력을 의미한다. 즉, 시간적으로는 과거, 현재, 미래를 뛰어넘어 다양한 각도로 현상을 파악할 수 있는 능력으로 고정적인 기존의 경직된 사고의 틀을 벗어나 유연한 사고를 요하는 능력이다. 고정적인 사고의 틀을 깨고 발상 자체를 전환시켜 유연하고 융통성 있게 생각하는 것은 정답이 정해져 있지 않은 실생활 장면의 복합적 문제상황에서 특히 요구되는 것으로, 유창한 사고뿐만 아니라

독창적인 사고의 관건이 된다. 아이디어의 양이 많아서 유창성이 뛰어난 사람 중에는 융통성이 부족한 사람도 있다. 그러므로 유창성이 향상되면 융통성을 키울 수 있는 창의적인 방법을 고려해야 한다(이경화, 2014).

- 결과로부터 거꾸로 생각하기
- 기존과는 다른 수단으로 표현하기
- 사물이나 현상의 속성별로 생각하기
- 서로 관련이 없는 사물이나 현상들 간의 관련성 찾기

③ 독창성

기존의 사고에서 탈피하여 참신하고 독특한 아이디어나 해결책을 산출하는 능력이다. 창의적 사고의 이상적인 목표는 사고의 독창성을 추구하는 데 있다. 이러한 사고는 기존의 사고방식이나 다른 사람들의 문제해결 방식으로부터 벗어나 서 자기만의 독특한 아이디어를 산출하고 문제해결 방안들을 구안하려는 의식적인 노력에 의해 가능하다. 유연한 사고에서 진전하여 자기만의 독특한 아이디어를 산출하는 능력으로, 의식적으로 노력하는 데서 아이디어가 나올 수 있다. 다른 사람이 이미 생각했던 아이디어나 문제해결 방법은 개인이나 사회에 별로 의미가 없다는 점을 고려한다면, 독창적인 아이디어는 창의적인 사고에서 최고 수준의 사고능력이라고 볼 수 있다. 사고에서의 독창성이 요구되는 이유는 그것이 단기적으로는 문제해결의 상황에서 보다 더 효율적인 문제해결을 할 수 있게 하고, 장기적으로는 인간의 삶을 보다 더 의미 있게 하고 질적으로 고양시켜 준다는 데 있다.

- 다른 사람과 같지 않은 생각하기
- 기존의 생각이나 사물의 가치를 부정하고 생각하기
- 기존의 생각을 새로운 상황에 적용하여 생각해 보기

④ 정교성

다듬어지지 않은 기존의 아이디어를 보다 치밀한 것으로 발전시키는 능력이다. 처음부터 완벽한 아이디어를 내놓기는 어렵다. 은연중에 떠오르는 거친 아이디어라도 소중히 여기고 이를 발전시켜 훌륭한 아이디어가 되도록 정교하게 다듬는 활동은 창의적 사고의 최종적인 산출과 관련하여 중요하게 받아들여져야 한다.

- 어떤 일을 하면서 혼잣말하기
- 주변의 사물을 보면서 분류하고 결합해 보기
- 생각이나 아이디어 형성과정을 상세하게 나타내기
- 은연 중에 떠오르는 거친 수준의 생각을 구체화하기

이외에도 창의적인 능력으로 다음과 같은 것들을 들 수 있다.

- 민감성: 주변의 환경에 대해 민감한 관심을 보이고, 이를 통해 새로운 탐색 영역을 넓히는 능력이다. 사고는 자료가 없는 진공의 상태에서는 일어나지 않는다. 사고를 할 때는 사고할 내용이 요구되는 것이다. 이 사고의 내용은 대상에 대해 가지는 민감성의 정도에 의해 그 양과 질이 결정된다. 동일한 대상을 보고도 사람마다 서로 다른 생각을 갖는 것은 사람마다 각기 다른 인식체계를 가지고 있기 때문이지만, 인식체계가 동일하다면 그 차이는 민감성에 의해 결정되는 것이다. 변화, 상식적이지 않는 것, 오류, 대비 등이 있다(이경화 외 역, 2005).
- 유추적 사고: 특정한 대상을 기존의 것과 연결 지어 생각하는 능력으로 두 개 이상의 대상이나 상황에서 서로의 유사점을 추출하여 새로운 추정을 해내는 능력은 다양한 정보의 세계에서 정보 사이의 연결 고리를 만드는 능력이다.
- 상상력: 경험 세계의 범위를 벗어나 자기만의 생각을 해내는 능력으로 구체적인 대상을 의식하지 않은 상태에서 나타난다. 창의적 상상력의 발달은 자연적으로 일어난다. 사고력을 경험의 세계에서만 논의하게 되면 상상력을 발달시키기 어렵다.
- 시각화: '마음의 눈'으로 사물을 보고 이미지와 아이디어를 정신적으로 조작할 수 있는 능력이다.
- 어린아이와 같은 사고: 어린아이와 같이 생각하는 능력으로 아이의 마음에는 창의적 사고를 방해하는 요인들, 즉 습관, 전통, 규칙, 규정 등이 많지 않다.
- 평가: 관련이 없는 사항으로부터 관련성을 찾아내고 비판적으로 사고하며, 아이디어 산출, 문제해결 등의 적절성을 평가할 수 있는 능력이다.

창의적 사고를 할 수 있는 힘을 가졌다고 해서 실제로 창의적 사고를 잘한다는 보장은 없다. 예를 들면 창의적으로 사고하는 것에 두려움을 느끼거나 귀찮아한다거나 정신적으로 지쳐 있다거나 하는 경우에는 창의적 사고라는 행동이 나오지 않을 가능성이 크다.

창의적인 사람들의 성격에 대한 연구에 따르면 창의적인 사람들에게는 몇 가지 공통된 특성이 있다. 창의성의 형태와 창의적인 사람의 유형은 매우 다양하기 때문에 창의적인 사람의 성격 특성을 일반화하기란 쉽지 않다. 일반적으로 창의적인 사람들에게서 볼 수 있는 성격 특성은 다음과 같다.

첫째, 창의적으로 생산적인 모든 사람들은 연령에 관계없이 에너지와 동기가 매우 높다는 것이다. 그러한 사람들은 충동적, 과잉행동, 열정, 흥분, 자발성, 지속력, 인내력, 모험성, 제시된 과제 이상을 수행하려는 의지, 성취와 인정에 대한 높은 욕구 등으로 기술된다(Davis, 1999). 둘째, 위험을 감수하려는 특성이다. 위험을 감수하려는 성향(risk-taking)은 새로운 것의 시도를 주저하지 않고 일의 결과가 예상과 다른 것에 개의치 않으며 다른 사람들에 의해 부과되는 한계를 거부하는 것 등을 의미한다. 실제로 이들은 실패하거나 바보처럼 보이는 것을 두려워하지 않는다. 사실, 실패와 거부에 대한 두려움은 창의적 사고를 가로막는 정서적 장애물이다(Davis, 1999). 새로운 아이디어를 시도할 때면 실패가 따르기 마련이다. IBM의 설립자인 Watson의 말처럼 성공하는 방법은 실패를 두 배로 하는 것이다(Von Oech, 1983, p.93). 그러나 창의적인 사람들의 성격 특성은 복잡하다. 즉, 사고의 단계와 상황에 따라 창의적인 사람들은 사교적(혹은 은둔자적), 외향적(혹은 내향적), 거만(혹은 겸손), 남성적(혹은 여성적), 온화함(혹은 냉혹함) 등의 특성을 모두 보이는 경향이 있다(Csikszentmihalyi & Wolfe, 2000).

창의적 사고의 성향은 인간의 내적·인지적 특성으로서의 창의적 사고 기능이 최종적인 인간의 성취를 위해 작용하는 과정에서 개인에게 요구되는 정의적 또는 태도의 특성이다. 다음으로 대표적인 창의적 성향의 요인들을 살펴보기로 한다.

① 호기심
끊임없이 주변의 사물에 대해 의문을 갖고 알고자 하며, 질문을 제기하는 성향이다. 호기심은 사고를 하는 첫 번째 과정에서 요구되는 문제 또는 과제를 형성하는 역할을 함과 동시에 문제해결의 과정에서 요구되는 지식이나 정보를 획득하는 역할을 한다.

- 주변의 사물에 대해서 '왜 그럴까?' 또는 '무슨 일일까? 하는 질문을 의식적으로 제기하기
- 어떤 사물이나 현상의 이면에 대해서도 궁금증을 갖기
- '새로운 것' 즐기기

② 탐구심

의문을 갖게 되는 대상에 대해 끊임없이 탐구하는 태도이다. 인간은 본능적으로 탐구하는 존재이다. 호기심을 가진 대상에 대한 지향점이 있을 때 탐구행위는 일어난다. 일반적으로 의문을 갖게 되는 대상에 대해서는 깊은 관심을 가지고 탐구하려 한다. 탐구행위의 첫발은 진지한 관찰과 탐색으로부터 시작된다.

- 문제상황에서 문제와 관련된 정보를 가능한 많이 찾아보기
- 자연현상 관찰하기
- 사물의 변화과정 관찰하기

③ 자신감

자기가 관심을 가지고 있는 영역에서 접하는 문제상황에서 갖는 자기 신뢰감이다. 특정한 문제상황에서 접하는 문제에 대한 전문성을 가지고 있음에도 불구하고, 주저하다가 시기를 놓치는 경우가 적지 않다. 자신감이 없기 때문이다. 자신감은 문제상황에서 제일 먼저 요구되는 태도이다.

- 자신을 적극적이고 긍정적으로 받아들이기
- 자기가 하는 일이 앞으로 성공할 것이라는 믿음을 갖기
- 낙관적인 인생관 갖기

④ 자발성

문제상황에 적극적으로 대처하고, 타인의 요구나 강요에 의하지 않고 자신의 내적 동기에 의해 필요한 아이디어를 산출하려는 성향이다. 마음이 있어야 보이고 뜻이 있어야 길이 열리는 것이다. 한 개인이 자기 주변의 문제상황을 다른 사람의 요구와는 관계없이 자기의 것으로 받아들이게 하는 것이다. 자발성은 곧 문제해결의 의지를 갖는 것이다.

- 주위의 문제를 자신의 문제로 받아들이기
- 하기 싫은 것을 먼저 하기
- 생활 속에서 적극적인 태도를 갖기

⑤ 개방성

세상이 변화하고 있음을 받아들이고 자신이 이 변화의 선두에 있어야 한다는 믿음이다. 눈을 감고 있는 사람에게는 아무것도 보이지 않는다. 세상의 변화에 둔감한 사람에게는 변화가 감지되지 않는다. 그러나 세상은 엄청난 속도로 변하고 있다. 변화에 개방적인 태도를 갖게 되면 변화의 추종자가 아니라 변화의 주체자가 된다. 변화의 주체자가 곧 창의적인 사람이다.

- 이 세상은 지금과는 다른 모습으로 변화할 것임을 받아들이기
- 다른 사람으로부터의 비판을 겸허히 수용하기
- 고정관념이나 선입견에서 벗어나기

⑥ 독립성

자신의 아이디어에 대한 가치를 인정하고 다른 사람들의 즉흥적이며 잡다한 평가에 구애받지 않으려는 성향이다. 창의적인 사고는 다른 사람들의 즉흥적이며 비판적인 의견에 휩쓸리지 않는 '사고에서의 지조에 의해 계속 발전될 수 있다. 자신이 심사숙고하여 생각해 낸 아이디어라면, 이 아이디어의 잠재적인 가치를 적극적으로 인정하고 이를 계속 발전시키려는 태도가 있어야 한다. 다른 사람들의 판단에 휩쓸리다가는 항상 제자리 걸음을 할 수밖에 없다.

- 부정적인 평가를 받은 아이디어라도 계속 발전시키기
- 아이디어 산출과정에서 의식적으로 타인과 다른 아이디어 내놓기
- 외로움과 두려움에서 벗어나기

⑦ 과제집착력

특정한 주제나 상황에 주의 집중하고, 문제를 해결하기 위해 가능한 적극적으로 다양한 정보를 수집하며 문제가 해결될 때까지 끈질기게 물고 늘어지는 태도이다.

- 충동을 자제하는 연습하기

- 어렵고 지루한 문제나 실패한 문제라도 끈질긴 열정을 갖고 끝까지 해결해 보기(606호라는 항생제는 605번 실패하고 나서 성공했다.)
- 잠정적으로 해결된 문제라도 그 결과를 계속 추적하기

[부록] 창의성 마인드 검사지

다음 각 문항을 읽고 자신의 생각이나 행동에 가장 가까운 답을 골라 체크하십시오.

1. 이 그림은 어떤 형태로 보입니까?

① 술잔

② 두 사람이 마주보고 있는 모습

③ 술잔 또는 두 사람이 마주보고 있는 모습

④ 어떤 형태로도 안 보인다.

2. 왼쪽의 그림은 어떤 사람을 나타낸 것일까요?

① 처녀

② 노파

③ 처녀 또는 노파

④ 잘 모르겠다.

3. 원 안을 연필로 칠해서 원 안을 채울 때 옳은 방법은?

① 테두리 원 안을 가득 채운 그림

② 테두리 원 안을 반 정도만 채운 그림

③ 테두리 원을 벗어나서 넘치게 그린 그림

④ 모두 다 옳다.

4. 그림 A, B, C, D의 사람 중에서 가장 큰 사람은 누구일까요?

① A

② B

③ C

④ D

⑤ 모두 다 같다.

5. A와 B의 선분 중에서 어느 선분이 더 길까요?

① A

② B

③ A = B

④ 잘 모르겠다.

6. 그림에서 화살표가 가리키는 것은 무엇을 의미하는 것일까요?

① 아라비아 숫자 13

② 알파벳 13

③ 13 또는 B

④ 13 또는 B가 아니라 다른 의미

7. 선분 A와 B의 길이와 선분 C와 D의 길이는 어느 쪽이 더 길까요?

① A-B

② C-D

③ A-B와 C-D는 같다.

④ 잘 모르겠다.

8. A로부터 B로의 사선은 이어진 것일까요? 끊어진 것일까요?

① 끊어져 있는 2개의 사선이다.

② 이어져 있는 1개의 사선이다.

③ 잘 모르겠다.

9. 원 안의 사각형은 어떤 모양일까요?

① 정사각형

② 옆과 위의 직선이 안으로 휘어진 사각형

③ 직사각형

10. 제시된 문자와 숫자는 위로부터 아래로 일정한 규칙이 있습니다.
?에 들어갈 문자와 숫자는 무엇일까요?

    F
    F 1
    F 1 1 1
    F 1 1 3
    ─────
      ?

① F12231

② F11231

③ F12123

④ F22122

⑤ 아무런 규칙도 없다.

11. 지능과 창의성은 어떤 관계일까요?

① 지능이 높으면 창의성이 반드시 높다.

② 지능이 높으면 창의성은 반드시 낮다.

③ 지능과 창의성은 아무런 상관이 없다.

④ 지능은 어느 수준까지만 창의성에 영향을 미친다.

12. 창의성은 후천적으로 노력하면 계발할 수 있을까요?

① 창의성은 선천적이기 때문에 계발하기 힘들다.

② 창의성은 후천적으로 노력하면 얼마든지 계발할 수 있다.

③ 창의성은 어렸을 때 결정되어 평생 동안 변하지 않는다.

13. 자유롭게 상상하는 것은 창의성에 어떤 영향을 미칠까요?

　① 자유롭게 상상하는 것은 창의성에서 가장 중요하다.

　② 지나치게 자유로운 상상력은 창의성을 해칠 수도 있다.

　③ 창의성은 기존의 틀을 깨뜨리는 것이 그 무엇보다 중요하다.

14. 창의적인 아이디어는 양과 질 중에서 어느 것이 더 중요할까요?

　① 양

　② 질

　③ 양과 질 모두

　④ 잘 모르겠다.

15. 창의성에는 좌뇌와 우뇌 중에 어떤 뇌가 더 중요한 역할을 할까요?

　① 좌뇌

　② 우뇌

　③ 좌뇌와 우뇌 모두

　④ 잘 모르겠다.

16. 창의성에서 상대적으로 가장 중요한 것은 무엇일까요?

　① 창의적 사고 능력인 창의력

　② 창의적 인성인 창의성

　③ 지능

　④ 아이디어의 구현 능력

　⑤ 모두 다 중요

17. 창의성에서 모방에 대한 평가는?

　① 모방은 창의성을 방해한다.

　② 모방은 창조의 어머니이다.

　③ 모방은 가장 저급한 창의성이다.

18. 창의적인 아이디어는 처음부터 독특하고 완벽할 것일까요?

 ① 처음부터 독특하고 완벽한 경우가 많다.

 ② 처음부터 독특하거나 완벽하지 않아 계속 고쳐야 한다.

 ③ 처음부터 독특하지만 완벽하지는 않다.

 ④ 잘 모르겠다.

19. 창의성은 머리 좋은 소수 영재에게서만 나타나는 것일까요?

 ① 항상 그렇다.

 ② 항상 그런 것은 아니다.

 ③ 잘 모르겠다.

20. 창의적인 아이디어는 노력하지 않아도 어느 날 갑자기 떠오르는 것일까요?

 ① 항상 그렇다.

 ② 항상 그런 것은 아니다.

 ③ 잘 모르겠다.

채점표

20문항에 체크한 답을 다음 채점표에 옮겨 적은 후 점수를 계산하십시오.

문항	채점									
	답	득점	답	득점	답	득점	답	득점	답	득점
1	①	1	②	1	③	5	④	0	⑤	-
2	①	1	②	1	③	5	④	0	⑤	-
3	①	1	②	2	③	2	④	5	⑤	-
4	①	5	②	0	③	0	④	0	⑤	2
5	①	5	②	0	③	2	④	0	⑤	-
6	①	1	②	1	③	5	④	0	⑤	-
7	①	5	②	0	③	2	④	0	⑤	-
8	①	5	②	2	③	0	④	-	⑤	-
9	①	2	②	5	③	0	④	-	⑤	-
10	①	0	②	5	③	0	④	0	⑤	0
11	①	2	②	0	③	1	④	4	⑤	-
12	①	0	②	5	③	2	④	-	⑤	-
13	①	2	②	5	③	0	④	-	⑤	-
14	①	2	②	2	③	5	④	0	⑤	-
15	①	1	②	2	③	5	④	0	⑤	-
16	①	2	②	2	③	1	④	2	⑤	5
17	①	2	②	5	③	0	④	-	⑤	-
18	①	0	②	5	③	0	④	0	⑤	0
19	①	2	②	5	③	0	④	-	⑤	-
20	①	2	②	5	③	0	④	-	⑤	-
소계	A		B		C		D		E	

읽고 생각해 보세요
[출처: 최창호(2003). 창의적 리더는 자장면을 먼저

시키지 않는다. 학지사]

"창의성 수준에 따른 5가지 구분"

창의성을 수직적으로 볼 때 창의성 수준은 달라진다. 테일러(Taylor, 1959)는 창의성에 대한 수준을 5가지로 구분했다.

① 표현적(expressive) 창의성: 독립적인 개성을 가지고 표현하는 창의성으로, 생각의 독창성이나 질 또는 창의적 결과물의 기능은 중요하지 않다. 아이들의 그림과 같은 것이 대표적인 예이다.

② 생산적(productive) 창의성: 단편적인 생각을 정리하고 최종 성과물을 마무리할 수 있는 능력이 요구되는 창의성으로 예술 또는 과학에서의 창의성이다.

③ 발명적(inventive) 창의성: 발명가나 탐험가처럼 재료, 방법 및 기법 등에서 나타나는 방법론적인 창의성이다. 벨의 전화기, 에디슨의 축음기, 전구 등이 그 예이다.

④ 혁신적(innovative) 창의성: 개념을 변환할 수 있는 창의성으로, 개념에 대한 이해를 새롭게 하거나 새롭게 개념화할 수 있는 능력이다. 루터의 종교 개혁, 왓슨의 행동주의 심리학, 키에르케고르의 실존철학 등이 그 예이다.

⑤ 창발적(emergentive) 창의성: 창발적 또는 발생적 창의성은 기존의 개념에서 벗어나 전혀 새로운 원리나 가정에서 출발하는 창의성으로 하나의 새로운 학파를 형성할 수 있다. 완전히 무에서 유를 창조해내는 것과 같은 창의성이다. 코페르니쿠스의 지동설, 아인슈타인의 상대성 이론, 다윈의 진화론 등이 그 예이다.

"창의성을 강조한 아들러"

불구의 몸을 딛고 훌륭한 심리학자가 된 아들러(A. Adler)는 프로이트를 옹호하는 글을 쓴 것을 계기로 프로이트와 교류를 시작한다. 그러나 그는 자신이 정신분석학자라고 생객해 본 적도 없었고 정신분석을 행한 적도 없으며 프로이트가 신경증의 원인으로 성을 강조한 것을 받아들이지도 않았다.

아들러는 프로이트의 심리성욕적 에너지인 리비도에 반대하고 인간을 본능의 포로가 되어 있거나 문화적인 압력이나 유년기의 경험에 의해 결정되는 존재가 아니라 능동적으로 자신의 성장과 미래를 지시하고 창조하는 존재라고 보았다. 이런 측면에서 보면 아들러는 1940년대에 등장하는 인본주의 심리학의 선구자였던 셈이다.

아들러는 인간 행동의 근원을 우월 추구라고 보았다. 그것을 충족하지 못하는 데서 발생하는 열등 콤플렉스는 인간의 성격과 행동을 결정하는 근본적인 심리현상이다. 사람들은 열등 콤플렉스를 보상함으로써 열등감을 극복하려고 하는데, 그 와중에 간혹 과잉보상을 할 때가 있다. 그러한 것이 결국 사회적으로 문제 있는 성격과 행동을 이루는 근간이 되는 것이다.

아들러는 출생순위가 성격에 미치는 현상을 연구했고, 콤플렉스에 관해 많은 연구 결과를 남겼다. 그는 자기완성을 향해 나아가려는 인간의 우월추구 동기를 주장했다. 그리고 건강한 사람들은 직업과 여가, 사랑, 우정이라는 발달과제를 달성해야 한다고 주장했다. 그리고 창의적 문제해결 능력과 창의성을 인간이 나아가야 할 방향 중의 하나라고 주장했다.

아들러는 의식적이고 합리적인 정신과정에 관심을 가져 자아심리학의 발달을 촉진했으며, 성격의 자발적이고 창조적인 면을 강조함으로써 다른 심리학자나 정신치료자들에게 직접, 간접적으로 영향을 주었다.

"창조자는 느림의 미학을 안다."

"서두르지 말고 작은 이익에 한눈팔지 말라. 서두르면 달성하지 못하고 작은 이익에 한눈팔면 큰 일에 성공하지 못한다."

논어에 나오는 말이지만 창의성 시대에 온고지신(溫故知新)을 되새겨보아야 한다. 생산성 패러다임의 시대에는 효율성과 스피드, 그리고 경쟁이 가장 중요한 가치 기준이다. 창의성 시대에는 여유를 가지고 느림의 미학을 음미하는 삶의 모습을 추구해야 한다.

창의성 패러다임에 적응하기 위해서는 스피드, 경쟁보다는 여유를 가지고 자신의 일에 몰두할 수 있는 삶이 있어야 하고, 경쟁적으로 남보다 앞서나가려고 노력하기보다는 남과 다른 차별화 전략을 구사해야 한다. 이 중독증에 빠져 목표만 향해 돌진하는 사람들에게는 여유가 없다. 아들러는 사람들이 획득해야 할 발달 과업 중에 일과 여가(work & leisure)를 들었다.

풀러는 이렇게 말했다.

"재산을 가지고도 그것을 즐기지 못하는 삶은, 황금을 나르고도 엉겅퀴를 먹는 당나귀와 같다."

일과 직업에 대한 사색

일과 직업에 대한 사색

1. 일과 직업의 개념

　우리 인간은 살아가는 동안 매일 의식적인 활동인 일(work)을 하면서 일생을 보낸다. 그렇기 때문에 우리 삶의 중핵은 일이라고 할 수 있다. 그런데 인간이 왜 일을 하며, 또 일은 반드시 하여야만 하는가라는 질문에 대해서는 명확한 답을 내리기가 쉽지 않다. 하지만 한 가지 확실한 것은 인간은 직업을 통해 비로소 일다운 일을 수행하게 되며, 또한 자신에게 적합한 일을 함으로써 만족과 기쁨을 느끼고 궁극적으로는 자아실현을 이룰 수 있게 된다는 점이다.

　직업이란 일생동안 수행하게 되는 일 중에서 특정 시점에 수행하는 주된 일의 역할을 의미한다. 따라서 직업은 시기적으로나 내용적으로나 일 중에서 가장 중요한 부분이라 할 수 있다. 일반적으로 직업이란 개인이 계속적으로 수행하는 경제 및 사회활동의 종류를 말한다. 이러한 '직업(職業)'이라는 단어는 '직(職)'과 '업(業)'의 합성어로 되어 있다. 여기에서 '직'은 다시 두 가지의 뜻으로 구분해 볼 수 있는데, 하나는 관을 중심으로 행하는 직무라는 관직적 뜻이 있고, 또 하나는 직분을 맡아 한다는 개인의 사회적 역할의 뜻이 있다. 한편 '업'이라는 말은 생계를 유지하기 위하여 전념하는 일이라는 뜻과 자기 능력의 발휘를 위하여 어느 한 가지 일에 전념한다는 두 가지의 뜻이 있다. 따라서 '직'과 '업'의 합성어로서의 '직업'이란 용어는 사회적 책무로서 개인이 맡아야 하는 직무성과 생계를 유지하거나 과업을 위하여 수행하는 노동행위의 이중적 의미를 내포한다고 볼 수 있다.

직업이라는 용어에 대하여 외국의 예를 보면 다음과 같다. 영국에서는 'occupation'이라는 말을 쓰는데, 이는 매우 단순한 뜻을 지니고 있다. 한편 프랑스에서는 'profession'을 직업의 의미로 사용한다. 이는 어떤 일감이라기보다는 그 일이 가지고 있는 사회적 지위에 보다 중점을 둔다. 한편 독일에서는 'beruf'라는 표현을 쓰는데, 이 말은 하느님으로부터 소명을 받아 행하는 일, 다시 말하면 도덕적인 뜻이 함축된 소명 의식적인 의미가 크다.

'geschäft'라는 단어는 단순한 영리적 사업이라는 의미로 사용된다. 독일의 'beruf'에 가까운 말로 영어에서는 'vocation'이라는 단어가 쓰인다. 즉 'vocaton'이라는 단어는 'beruf'가 나타내는 소명 의식적 직업(calling)의 뜻이 강하다. 이와 같이 'vacation'이 도덕의식이 함축된 천직적 뜻이 있는 반면, 'occupation'은 삶을 위해 일정 장소를 택하여 노동행위를 한다는 직장의 뜻이 강하며, 'business'는 금전을 획득 사업적이고 영리행위적인 뜻이 강하다.

우리나라에서 사용하는 직업에 이와 같은 외국의 사용 용어의 뜻을 대입시켜 본다면, '직'은 'beruf', 'vocation', 'profession'의 뜻이 강하고, '업'은 'geschäft', 'occupation, business'의 뜻이 강하다고 할 수 있다. 이와 같이 직업이라는 용어는 여러 가지의 대칭 되는 개념을 지니고 있다고 할 수 있다.

한편 한국직업사전에서는 직업이란 개인이 지속적으로 수행하는 경제 및 사회 활동의 종류라고 정의하고 있다. 여기에서 일의 계속성이란 일시적인 것이 아니고, 매일·매주·매월 주기적으로 행하고 있는 경우, 또는 명확한 주기를 갖지 않더라도 계속하고 있으며, 현재 하는 일에 대하여 의사와 능력을 가지고 행하는 것이어야 한다고 하고 다음과 같은 활동은 직업으로 보지 않고 있다.

① 이자·주식배당·임대료(전세금·월세금)·소작료·권리금 등과 같은 재산수입을 얻는 경우
② 연금법이나 사회보장에 의한 수입을 얻는 경우
③ 경마 등에 의한 배당금의 수입을 얻는 경우
④ 보험금 수취·차용 또는 자기 소유의 토지나 주권을 매각하여 수입을 얻는 경우
⑤ 자기 집에서 가사에 종사하는 경우
⑥ 정규 주간교육기관에 재학하고 있는 경우

⑦ 법률 위반행위나 법률에 의한 강제노동을 하는 경우

또한 직업이란 생계의 유지, 개성의 발휘 및 자아의 실현, 사회적 역할의 분담을 목적으로 계속적으로 행하는 노동 또는 일이라고 정의할 수 있다. 이러한 의미에서 볼 때, 직업만큼 한 개인의 사회적, 경제적, 지적 수준을 단적으로 잘 나타내 주는 것은 없다. 이러한 직업은 개인에게 있어서는 물론 사회의 입장에서도 매우 중요하다. 따라서 여기서는 개인과 사회의 두 가지 측면에서 직업의 의의를 살펴보기로 한다.

직업은 개인에게 커다란 의미와 가치를 가지고 있는데, 이러한 직업의 개인적 의의는 다음과 같다.

첫째, 직업은 생계유지를 가능하게 한다. 인간이 살아가는 데 있어서는 의식주의 해결이 가장 우선적인 요건이며, 이를 위한 재화를 획득하기 위하여 많은 사람들이 직업에 종사하고 있다. 즉, 직업을 수행하는 대가로 수입을 얻게 되고, 그것으로 본인과 가족의 생계를 유지하고 경제활동을 영위하게 된다.

둘째, 직업은 소속감을 준다. 직업은 개인으로 하여금 어떤 조직에 소속되게 하여 그 조직의 활동을 공유하고 구성원 간의 공감대를 형성할 수 있도록 한다. 이러한 소속감은 심리적 안정감을 가져다준다. 일반적으로 한 개인이 직업생활을 그만두게 되면 심한 소외감을 느끼고 심리적 불안정감을 느끼는 것은 이 때문이다.

셋째, 직업은 개인의 가치를 실현시켜 준다. 우리 인간은 일반적으로 부, 명예, 권력 등 나름대로 여러 가지 가치를 추구하면서 살아간다. 그런데 부를 축적하거나, 명예를 얻거나, 또는 권력을 가지고자 하는 등의 가치의 실현은 직업을 통하여 가능하게 된다. 즉, 직업은 개인이 바라는 여러 가지 가치를 실현해 준다. 따라서 개인이 자신의 인생에서 성공하느냐 못하느냐의 여부는 무엇보다도 직업생활에 있어서의 성공에 크게 의존한다.

넷째, 직업은 개성 발휘 및 자아실현을 가능하게 한다. 사람들은 각자의 소질과 재능, 그리고 역량을 마음껏 발휘하려는 욕구를 가지고 있다. 즉, 개성의 발휘와 자아실현을 열망하는 것이다. 그렇게 함으로써 자기의 존재에 대한 의의를 깨닫고 긍지를 지니며 자기의 존재를 인정받을 수가 있다. 그러므로 개성을 발휘하고 자아를 실현한다는 것은 곧 인생의 보람이라 할 수 있다. 그런데 이러한 개성의 발휘와 자아실현은 주로 직업을 통해서 이룰 수 있다.

다섯째, 직업은 개인이 사회적으로 주로 접촉하게 되는 대상과 범위를 규정해 준다. 즉, 개인이 일상적으로 접하는 사람의 부류는 대부분 직업을 기초로 해서 정해지게 된다. 예를 들어, 교사는 주로 학생들을 접하게 되며, 의사는 주로 환자들을 접하게 된다.

여섯째, 직업은 개인의 의식 속에 내면화된다. 개인은 그와 함께 일하는 직장 동료와 조화를 이루며 생각하고 행동하도록 요구된다. 그 결과 직업은 개인적 특성에 영향을 끼치게 된다. 따라서, 우리는 같은 직업을 가진 사람들 사이에서 공통적인 특정한 개성을 쉽게 찾아낼 수 있다.

사회적 의의를 살펴보면, 그리스의 철학자 아리스토텔레스(Aristoteles)가 말했듯이, 인간은 사회적 동물이다. 즉, 인간은 사회적 존재이므로 태어나면서부터 죽을 때까지 필연적으로 어느 사회에 소속하게 마련이다. 특히, 인간이 생계를 유지하기 위해서는 사회에 소속하여 일정한 사회적 역할을 분담해야 하고, 각자에게 분담된 역할을 충분히 수행할 때에만 사회는 유지될 수 있다.

현대사회에서 직업의 중요한 특성 중의 하나는 사회적 역할 분담이다. 즉, 직업을 가진다는 것은 현대사회의 조직적이고 유기적인 분업 관계 속에서 분담된 기능의 어느 하나를 맡아 사회적 분업 단위의 직분을 수행한다는 것을 의미한다. 이러한 의미는 '직업'이라는 용어에도 내포되어 있다. '직업'이라는 말의 '직(職)'에는, 개인이 사회적 직분을 맡아 수행한다는, 직업의 사회적 역할의 뜻이 담겨 있다. 즉, 직업이란 용어에는 사회적 책무로서 개인이 분담하여 수행하는 직무의 의미가 내포되어 있다.

이러한 측면에서 볼 때, 사회는 각종 직업에 종사하는 개인과 각종 단체에 의해서 구성된다고 할 수 있다. 그러므로 사회 구성은 곧 직업 구성이라 할 수 있다. 따라서 사회구성원이 각자의 직업에 만족하지 못하고 능률적으로 일을 하지 못하면, 그 사회는 발전할 수 없다.

직업의 사회적 역할 측면에서 볼 때, 직업이란 사회적으로 유용한 것이어야 한다는 의미를 내포하고 있다. 즉, 직업은 사회의 유지 및 발전에 도움이 되는 것이어야 한다는 것이다. 따라서 개인이 경제생활을 영위한다고 하더라도, 그 활동이 밀수, 절도 등과 같이 반사회적인 경우에 직업으로 보지 않는 것은 이 때문이다.

2. 진로교육

진로교육(Career Education)이란 말은 1970년대 이후 새롭게 등장한 용어이다. 이전까지만 해도 직업교육이란 말이 일반적으로 쓰여져 왔다. 이때 직업교육이란 말은 주로 고등학교 수준에서 특정한 직업에 취업할 수 있도록 기능 훈련을 제공한다는 뜻으로 사용되었다. 이러한 의미에서 직업교육은 특정한 직업을 원하거나 필요로 하는 사람에게만 필요한 것이었다.

그러나 오늘날 직업은 생계의 수단이라기 보다 사회에 봉사하는, 나아가서 자아실현을 위한 수단으로써 더 중요한 의미를 갖게 되었다. 현대사회에서는 모든 사람이 직업을 갖지 않으면 안 되게 되었다. 대학에 진학하든, 하지 않든 간에 조만간 누구나 직업을 가져야 된다는 관점에서 보면 직업교육은 모든 사람에게 필요한 것으로 인식될 수 있다. 직업교육은 제한된 영역의 기능 훈련이라는 의미에서가 아니라, 모든 사람들의 직업생활에 공통적으로 필요한 기초기능과 소양, 건전한 직업적 태도와 가치관 및 자아관 등을 길러주기 위한 일반 교양교육의 일환으로 가르쳐지게 되었다.

직업교육은 산업발전이 가속화됨에 따라 1970년대 이후 더욱 강조되게 되었다. 소질과 적성을 발견하게 하고, 계발시키며, 그에 알맞은 직업을 선택하여 성공적으로 직업생활을 할 수 있도록 돕는 일은 중요한 일임에 틀림없다. 그러나 현대사회 속에서 행복하고 성공적인 삶을 영위하기 위해서는 직업 생활뿐만 아니라 생애 문제 전반에 관하여 슬기롭게 대처해 나가야 한다. 이러한 점에서 '진로교육'이란 말은 직업교육을 포괄하는 보다 넓은 의미에서 생애 교육을 뜻하는 개념으로 정립되게 되었다.

진로교육은 학생들이 행복한 개인으로서, 생산적인 사회성원으로서 성장하는데 있어서 학교교육이 보다 적극적으로 공헌해야 된다는 관점에서 학문세계와 일과 인생의 문제를 보다 밀접하게 연결시키려고 노력한다. 진로교육은 인생 전반의 진로를 선택하고, 그에 대처하는 능력과 소질, 태도, 가치관 등을 계획적으로 길러나갈 수 있도록 하기 위해서 학교교육 전체 프로그램의 변화를 요구한다. 따라서 진로교육은 모든 학생들에게 진로선택의 가능성을 폭넓게 인식시키고, 합리적인 진로계획을 세우고 준비해 나가도록 하는 교육적 노력으로 해석되기도 한다.

진로교육은 '생산적 사회성원으로서 그리고 행복한 개인으로서 삶을 영위할 수 있도록 성장을 돕는 교육의 과정으로 정의될 수 있다.' 이러한 개념 규정은 지금까지의 전통적 교육과는 다르게 몇 가지 측면에서 교육의 중요성을 새롭게 인식하고자 한다.

첫째, 삶에 있어서 사회적 역할의 중요성에 대한 새로운 인식이다. 우리는 일생을 살아가면서 여러 가지 사회적 역할을 수행하여야 한다. 직장의 일원으로서 가족의 일원으로서 그리고 각종 사회집단의 한 사람으로서 우리의 역할을 잘 수행할 수 있어야 한다. 특히 직업적 역할의 수행은 개인 발전을 위해서뿐만 아니라 사회발전을 위해서 매우 중요하게 생각된다. 우리 모두가 직업적 역할을 포함하여 우리의 사회적 역할을 생산적으로 수행할 수 있을 때 우리 사회는 발전할 수 있으며, 개인적으로도 만족한 사회생활을 할 수 있게 된다. 사회적 역할을 생산적으로 수행할 수 있으려면 각자에게 알맞은 사회적 역할을 발견하고, 그러한 역할 수행을 위한 충분한 준비가 있어야 한다. 직업적 역할을 포함하여 일생 동안 살아가면서 수행하여야 할 사회적 역할들에 대하여 학생들로 하여금 생각해보게 하고, 각자에게 가장 알맞은 역할을 발견하고, 준비해 나가도록 교육한다면, 학생들은 보다 생산적인 사회 일원으로서 성장할 수 있을 것이다.

둘째, 행복한 삶에 대한 새로운 인식이다. 물질적인 풍요에도 불구하고 현대인의 삶은 더욱 메말라가고 각박해지는 경향이 있다. 삶을 합리적으로 영위하고, 스스로 행복을 창출하고 관리해 낼 수 있는 지혜가 부족하기 때문이다.

우리는 나름대로 행복하게 살 수 있어야 한다. 그렇게 살기 위해서는 삶의 목표를 바르게 세우고, 현명한 삶의 방법을 터득해야 한다. 적성, 능력, 성격, 흥미, 신체적 특성 등을 포함한 자아의 특성을 바르게 파악하고 가꾸어 나갈 수 있고, 가정환경 및 사회 환경 등 주어진 여건을 객관적으로 평가할 수 있어야 한다. 결과적으로 자기에게 맞는 생애 목표를 세우고 진로를 개척해 나갈 수 있어야 한다.

셋째, 교육의 과정에 대한 새로운 인식이다. 교육이 일과 직업세계를 포함한 현실적 삶의 세계를 경험하고, 이해하고, 준비하는 과정이 되어야 한다는 새로운 자각이다. 삶과 유리된 죽어있는 지식(Inert Knowledge)의 암기과정이 되어서는 안 된다는 것이다. 삶과 유리된 죽어있는 지식—흔히 고도로 이상화되고, 개념화되고, 추상화되고, 이론화된 지식으로 표현되는—만을 강요함으로써 학생들에게 학습이 무의미하게 되는 교육이 되어서는 안 된다는 것이다. 일과 직업 세계를 포함한 삶의 현실세계로부터 지식이 경험되고 획득됨으로써 현실적 삶의 세계에 다시 응용될 수 있는 지식교육이 되어야 한다. 경직된 지식체계가 학생들의 삶을 압도하는 교육이 되어서는 안 된다. 오히려 그것은 학생들의 삶을 넓혀 주고, 깊게 만들어 주고, 새롭고 의미 있게 인식시켜 주는 수단으로써 가르쳐 주어야 한다. 이렇게 할 때 학교교육은 앞으로의 사회 발전적 요구에 부응할 수 있을 것으로 생각된다.

읽고 생각해 보세요

[출처: 손성화, 김진숙(2016). 대한민국 교육, 생각에 빠지다. 공동체. pp. 105~108.]

"두려워 말라, 너의 인생이다."

많은 이들이 '삶은 선택이며, 삶을 살아간다는 것은 선택의 연속이다'라고 말한다. 매시간, 아니 매순간 우리는 선택을 하게 된다. 하지만 얼마나 자유의지를 가지고 선택을 할 수 있는 가? 가끔 나는 내 삶의 주인이 내가 맞는가? 하는 질문을 스스로에게 던진다. 수많은 답을 찾아보지만 아직도 그 질문은 끝나지 않고 있다.

그것은 아마 '삶은 선택이다'라는 것에 대한 부정적인 순간들이 더 많기 때문일지도 모른다. 아침에 일어나 회사에 출근하고 싶지 않은 대한민국 직장인들이 얼마나 많을까? 자유의지와는 상관없이 자신과 가족의 생계를 위하여 공식적으로 주 5일 8시간씩 근무를 한 후에도 또다시 추가 근무를 한 후 귀가해야만 하는 현대인들의 삶은 어떠한가? '삶은 선택이다'라는 명제에 대하여 인정할 수(있다/없다)에 여러분은 어디에 체크하겠는가? 사람들은 인생의 주인은 내가 아닐 때가 많기 때문에 '없다'에 가중치를 주려고 한다. 하지만, 진정한 자유의지를 발휘할 수 있어야 삶은 선택이라 인정할 수 있다.

그렇다면 삶에 있어 자유의지를 방해하는 것은 어떤 것들이 있을까? 대자연의 엄청난 위력, 문명, 경제, 전쟁, 국가, 사회, 법, 직장, 경쟁, 가족, 건강, 교통사고, 질병, 마음, 사랑, 미움, 감정, 사람 등 너무나 많은 것들이 나의 선택을 제약하고 있다. 이러한 수많은 제약들이 자유의지를 꺾어버린다. 내 의지와는 상관없이 결정될 수밖에 없는 삶의 선택이 많기 때문이다. 그뿐만 아니라 선택조차 할 수 없는 때도 많이 있다. 이러한 무기력한 삶을 살아가는 사람들도 너무 많다. 선택할 수 있는 삶을 살아간다는 것은 정말 내 삶에 주인이 된 삶을 살아간다는 것, 진정 행복한 삶을 살아가는 것이 아닐까?

그렇다면 여기서 다시 질문을 던져보겠다. 여러분은 인생의 주인인가? 아니면 노예인가? 이 질문에 대한 대답을 찾기 위해서는 인생에 있어 수많은 선택 중 나는 얼마나 주도적인 선택을 할 수 있는가를 생각해 보는 것도 좋을 것 같다. 과연 나는 얼마나 주도적으로 살아가고 있는 것인가?

인생에 대한 주도적인 삶을 살아가는 것은, 즉 '인생의 주인은 나여야 한다'는 것, 다시 말해 주도적인 생각을 갖는 것이 중요하다는 것이다. 결국 내 인생은 누구의 것이야 하는가에 대한 의문을 갖고 끊임없이 내면의 자신과 질문하고 토론하여야 한다.

자기주도적으로 사고한다는 것과 연관된 단어를 한번 나열해 보자. 예를 들면, 나, 우주의 중심, 적극적, 계획, 준비, 자존감, 존재감, 긍정적, 현실점검, 나의 ~, 내가 ~, 과거, 미래, 꿈, 목표, 목적, 스스로, 주인, 하인, 책임 등 무수히 많은 연관된 단어들이 있을 것이다. 이러한 단어 하나하나의 의미를 깊이 생각해 보는 것도 재미있을 것 같다.

제13장

평생학습사회와 평생교육

평생학습사회와 평생교육

1. 평생학습사회

평생학습사회는 학교를 다니는 시간 이외에도 인생을 살아가면서 끊임없이 학습을 해야 하고 또 하고 있는 사회를 의미한다. 현대사회에서 직장인은 학교를 졸업한 이후에도 직장 생활을 하지만 계속해서 학습해야 한다. 고등학교나 대학을 졸업하고 취업한 후에도 직장 안팎에서 다양한 교육에 참여한다. 직장에서는 수시로 변화하는 시장 환경, 소비자의 취향, 상품과 서비스에 대한 학습 기회를 제공하고 있다.

평생학습사회는 일반적으로 '누구나, 언제, 어디서나 원하는 교육을 받을 수 있는 사회'로 정의된다. 여기서 '누구나'는 사회적 지위, 소득, 성별, 나이에 상관없이 교육을 받을 수 있는 기회가 제공되어야 한다는 것을 의미한다. 65세 이상의 고령층이라도 새로운 직업을 구하기 위하여 필요한 교육에 참여할 수 있어야 한다. '언제'는 시간의 제약 없이 교육에 참여할 수 있는 기회가 제공되어야 한다는 의미이다. 그리고 '어디서나'는 지리적 제약 없이 교육에 참여할 수 있어야 한다는 것을 의미한다.

우리나라는 평생학습사회를 중요한 국가정책으로 설정하였다. 그리고 평생학습사회를 실현하기 위하여 다양한 국가사업과 지원을 다년간 추진하고 있다. 예를 들어, 전국적 행사인 '전국 평생학습 박람회'를 매년 실시하는데, 이 박람회는 평생 학습에 대한 국민의 이해를 높이고 평생학습사회가 의미하는 교육 기회를 확대하기 위한 문화를 형성하는 것을 목적으로 한다.

세계적으로도 평생학습사회의 중요성을 인정하고 평생학습사회 실현을 위한 국제적인 노력을 하고 있다. 이런 움직임은 1972년 유네스코 교육개발 국제 위원회에서 발표한 '포르 보고서(The Faure Report)'에도 나타나 있다. 포르 보고서의 제목은 '학습하는 존재(Learning to Be)'로, 제목이 의미하듯이 인간은 다양한 갈등을 해소하고 공동체로서의 발전을 위하여 자신에게 필요한 학습을 해야 하는 존재이다. 그리고 평생학습사회에 대한 강조는 1999년 6월 독일의 쾰른에서 개최된 G8 정상 회담의 '쾰른 헌장'에서도 찾을 수 있다. '쾰른 헌장'은 '평생학습의 목적과 희망'을 제목으로 당시 G8 정상 회담의 결과물 중 하나로서 평생학습사회에 대한 실현과 준비의 필요성을 천명하였다.

'쾰른 헌장'에서 볼 수 있듯이 평생학습사회는 전 국가적, 전 세계적 과제가 되었다. 이는 지식기반사회에서 필수적인 사회변화이고 사회 전체가 평생학습의 장이 되어야 가능하다. 그리고 이를 위해서는 국민 누구나 원하는 교육과 학습에 참여할 수 있는 기회가 보장되어야 한다.

【쾰른 헌장】 −평생 학습의 목적과 희망

모든 나라는 국민이 다음 세기를 살아가는 데 필요한 지식, 기술, 자격을 습득할 수 있는 환경, 즉 학습사회를 구현하는 것을 중요한 과제로 삼고 있다. 또한 사회와 경제는 점차 지식 기반으로 나아가고 있으며, 교육은 경제적 성공, 사회적 책임, 사회적 일체감을 실현하는 데 필수 불가결한 요소이다.

다음 세기는 변화와 유동성의 세기가 될 것이다. 따라서 국민이 유동적 세상, 급변하는 세상에서 살아남기 위해서는 교육과 평생학습이 뒷받침되어야 하며, 국가는 국민에게 교육과 평생 학습의 기회를 보장해야 한다.

2. 평생교육과 과제

평생교육(life-long education)이라는 용어는 1965년 유네스코가 개최한 성인교육 추진위원회에서 랑그랑(P. Langrand)이 처음 주장한 개념으로 1970년에 그의 저서「평생교육입문」에서 구체화되었다. 이와 같은 평생교육은 1972년 동경에서 개최된 세계 성인교육회의를 거치면서 국제적인 용어로 알려졌고 우리나라에서는 1973년 '평생교육 발전 세미나'에서 평생교육의 개념정립과 발전방향을 협의하였다.

데이브(R. M. Dave)는 평생교육의 개념을 다음과 같이 20가지로 구분하여 정의하였다.

① 평생교육은 생(life), 평생(lifelong), 교육(education)이라는 세 가지 기본단어로 구성되어 있다.

② 교육은 학교교육으로 끝나는 것이 아니라 평생을 통한 과정이다.

③ 평생교육은 성인교육에만 한정되어 있는 것이 아니라 유아교육, 초등교육, 중등교육, 고등교육과 그 밖의 모든 단계의 교육을 통합하는 체계이다. 즉 평생교육은 교육을 하나의 전체구조로 파악하는 개념이다.

④ 평생교육은 형식적인 학교교육과 비형식적인 학교 외 교육을 포함하는 동시에 조직적인 학습이나 비조직적인 학습을 포함한다.

⑤ 평생교육에 있어서 가장 기초가 되는 교육의 장은 가정이다. 가정이 바로 개인의 평생교육에 결정적인 역할을 한다.

⑥ 평생교육체제에 있어서 지역사회도 역시 중요한 역할을 한다.

⑦ 평생교육체제에 있어서 학교나 대학 또는 여러 형태의 훈련기관도 중요하지만 이들은 각각 전체 평생교육기관의 하나로서 중요성을 가진다. 즉 이제는 학교가 교육을 독점하는 기관이 될 수 없다는 것이다.

⑧ 평생교육은 교육의 수직적, 종적 측면에서의 상호연계성을 추구해야 한다.

⑨ 평생교육은 모든 발달단계에서 수평적, 심층적인 통합을 도모하려고 하는 것이다.

⑩ 평생교육은 엘리트를 위한 교육형태가 아니다. 보편적이고 민주주의적인 것이다.

⑪ 평생교육은 학습내용과 방법 그리고 학습시간의 융통성과 다양성을 최대한 보장한다.

⑫ 평생교육은 새로운 사회적 욕구에 즉각적으로 대응할 수 있는 역동적인 교육

과정이다.

⑬ 평생교육은 학습자의 요구수준에 맞는 다양한 형태와 방법을 추구한다.

⑭ 평생교육은 교양교육과 직업교육으로 구성되어 있는데 두 가지 영역과 상호보
충적인 역할을 한다.

⑮ 평생교육은 개인과 사회의 적응기능과 혁신기능을 충족시킨다.

⑯ 평생교육은 기존의 교육적 결함들을 보완하는 교정적 기능을 수행한다.

⑰ 평생교육의 궁극적인 목표는 개인의 삶의 질을 향상시키는 데 있다.

⑱ 평생교육에는 기회와 동기 그리고 교육가능성이 중요한 전제조건이다.

⑲ 평생교육은 모든 형태의 교육을 포함하는 조직원리이다.

⑳ 평생교육은 모든 교육의 전체적 체계를 마련해 주는 실천적 단계이다.

평생교육의 개념에 대해서 랑그랑은 평생교육이란 모든 국민들에게 평생을 통하여 각 개인이 가진 다양한 소질을 계속적으로 계발하고 사회발전에 적극적으로 참여할 수 있도록 하는 교육이라고 하였다. 유네스코 한국위원회에서는 평생교육을 급격히 변화하는 사회에 있어서 개인과 집단이 지속적으로 자기 갱신과 사회적 적응을 추구하게 하기 위한 것이며 학교의 사회화와 사회의 교육화를 이룩하려는 일종의 새로운 교육적 노력이라고 했다. 랑그랑은 평생교육의 필요성을 다음과 같이 제시하였다.

① 현대의 급속한 사회구조의 변화

② 인구의 증가와 평균수명의 연장

③ 과학기술의 발달

④ 민주화를 통한 정치의 변화

⑤ 각종 매스컴의 발달과 정보의 급증

⑥ 경제적 수준의 향상

⑦ 전문화, 분업화로 인한 여가시간의 증대

⑧ 생활양식과 인간관계의 위기

⑨ 이데올로기의 위기에 의한 가치관의 혼란

한편, 평생교육의 과제는 학습하는 사회건설, 소외계층에 대한 교육기회의 균등, 재취업교육의 강화, 노년기 인구에 대한 교육 강화를 들 수 있다.

첫째, 학습하는 사회건설이다. 우리 사회구성원 전체가 학습자가 되는 사회를 건설해야 한다. 우리는 요람에서 무덤까지 배워야 하는 존재임을 깨닫고 학습하는 사회를 건설하기 위한 범국민적 교육활동이 생활화되어야 한다. 즉 우리 사회를 '술 권하는 사회'에서 '책 권하는 사회'로 만들어야 한다. 이를 위하여 기성세대부터 책을 가까이 하는 습관을 가져야 청소년들도 평생 학습하는 사회건설에 동참하게 될 것이다.

둘째, 소외계층에 대한 교육기회와 균등이다. 여러 가지 사정으로 교육의 혜택을 받지 못한 소외계층에 대해서 평생교육의 기회가 확대되어야 한다. 특히 사회경제적 이유나 신체적 결함 등으로 정규 학교교육의 기회를 놓친 사람들이나 중도에 탈락한 사람들에게 교육의 기회를 주어야 한다. 왜냐하면 평생교육은 모든 인간을 대상으로 하며 삶의 질을 향상시키는 것이 궁금적인 목적이기 때문이다.

셋째, 재취업교육의 강화이다. 여러 가지 사정으로 직장을 그만두게 된 사람들에게 일정한 기간 동안의 교육을 통해 새로운 직장에 재취업할 수 있는 평생교육 프로그램이 강화되어야 한다. 특히 최근 구조조정으로 인한 중년층의 실업자 문제는 심각한 수준이다. 형식적인 교육이 아니라 시간이 걸리더라도 실제로 재취업하여 새로운 삶을 살아갈 수 있도록 해야 한다. 이 문제는 정부차원에서 적극적으로 추진해야 하며 중앙정부와 관련기관 및 대학들이 긴밀한 협력 체제를 유지하여 엄격하게 관리하고 교육하면 많은 효과가 있을 것으로 기대된다.

넷째, 노년기 인구에 대한 교육 강화이다. 우리 사회도 이미 고령화 사회로 접어들고 있다. 은퇴 후의 삶을 보람있게 보낼 수 있는 다양한 평생교육 프로그램이 개발되어야 한다. 즉 노인들이 실제로 필요로 하는 건강관리, 금전관리, 유산처리 방법 등은 그들의 일상생활에 적용할 수 있는 교육이다. 따라서 정부는 노인들을 위한 실제적인 프로그램 개발에 적극적인 투자를 해야 한다. 이를 위해 정부와 노인관련단체 그리고 대학들이 공동으로 참여하는 노인들을 위한 평생교육 프로그램 개발팀을 구성하여 운영해야 할 것이다. 이렇게 될 때 비로소 우리 사회도 진정한 의미의 복지국가로 진입하게 되는 것이다.

읽고 생각해 보세요
[출처: 유시주(역)(2000). 선생님. 푸른나무]

"인생의 세 상자"

리차드 볼레즈(Richard Bolles)는 "인생의 세 상자"라는 책에서 전통적으로 인간은 세 종류의 상자를 거치면서 인생을 살아왔다고 하였다. 첫 번째는 교육의 상자로 학습과 교육에 집중하는 시기이다. 바로 청소년과 대학생 시기라고 할 수 있다. 두 번째는 노동의 상자로, 직장에 들어가서 일을 하는 시기이다. 세 번째는 여가의 상자로, 인생의 후반부에 은퇴하고 삶의 여유와 취미 생활에 집중하는 단계이다.

그러나 현대사회에서는 교육에서 노동으로, 다시 노동에서 여가의 순서로 이어지지 않는다. 노동을 하면서도 필요한 지식이나 기술이 있으면 수시로 배워야 한다. 노동을 하면서도 자신의 삶을 풍요롭게 하기 위해 취미 생활을 한다든지 여가활동을 통해 삶의 의미나 재미를 찾는다. 이렇게 교육, 노동, 여가가 따로 있기보다는 함께 존재하는 것이 현대사회의 특징이다. 특히 교육은 인생의 모든 단계에서 필요하고, 노동이나 여가를 위한 기초적인 활동이다.

평생학습사회는 이렇게 인생의 여러 가지 활동을 위하여 필요한 지식과 기술을 학습과 교육을 통해 배워야 하고 또 배울 수 있는 사회를 의미한다. 따라서 평생학습사회에서 살아가기 위해서는 학습과 교육을 향상해야 한다.

참 고 문 헌

권석만(2017). 인간 이해를 위한 성격심리학. 학지사.

권창길, 김흔숙, 이기영(2000). 교육학개론. 학지사.

권형자 · 정정애 · 김미란 · 정선영 · 김숙자(2018). 생활지도 및 상담. 태영출판사.

김경식(1996). 교육학개론. 교육과학사.

김계현(1995). 카운슬링의 실제. 학지사.

김난도(2010). 아프니까 청춘이다. 쌤앤파커스.

김남순(2003). 발달심리학. 교육과학사.

김병성 외 8명(1992). 교육학총론. 양서원.

김보은, 김민지(2021). 교육공학자가 말하는 메타버스. 유비온.

김봉석, 이혜림, 이훈병(2004). 현대교육의 이해. 양서원.

김봉환·정철영·김병석(2006). 학교진로상담. 학지사.

김성열(1997). 학교교육행정체제와 조직의 발전. 교육행정학연구, 15(1). 한국교육
행정학회.

김수동(2000). 교육이란 잊혀진 후에 마음에 남는 것이다. 양서원.

김의석, 이우언(1999). 교육학원론. 양서원.

김의철, 박영신, 양계민(역)(1999). 자기효능감과 인간행동. Self−efficacy: The
Exercise of Control. Albert Bandura(1997). W.H.Freeman and Company.
교육과학사.

김인식, 최호성, 서재복, 최병옥(2001). 인간 교육의 이해. 교육과학사.

김인회(1994). 새 시대를 위한 교육의 이해. 문음사.

김정일, 김창곤, 김진한(2000). 교육학개론. 학지사.

김정환(1995). 인간화 교육: 어떻게 할 것인가. 내일을 여는 책.

김종서, 이영덕, 정원식(1991). 최신 교육학개론. 교육과학사.

김종서 · 남정걸 · 정지웅 · 이용환(1982). 한국에서의 평생교육 체제정립에 관한 연구.
평생교육의 체제와 사회교육의 실태연구. 논총 82−7. 165−166.

김주환(2011). 회복탄력성. 위즈덤하우스.

김진규, 윤길근, 박형근(2021). 인공지능시대의 인재혁명. 교육과학사.

문선모(2008). 기억력과 집중력 향상 기술. 원미사.

문선모(2007). 학생상담: 이론과 실제. 양서원.

민영순(1994). 교육심리학. 문음사.

박경애(2014). 상담심리학. 공동체.

박도순, 손인수, 송병순, 염문희(1995). 신교육학개론. 문음사.

박방초(2018). 융 심리학으로 본 콤플렉스 이해: 착한 아이 콤플렉스를 중심으로.
    협성대학교 대학원 석사학위논문.

박아청 · 김혜숙 · 김창대(1996). 청소년발달상담. 청소년대화의 광장.

박준영(1996). 교육의 이론적 이해. 학지사.

박철홍, 강현서, 김석우, 김성열, 김회수, 박병기, 박인우, 박종배, 박천환, 성기선(2013).
    교육학개론. 학지사.

백지숙 · 김혜원 · 김영순 · 방은령 · 임형택 · 주영아(2009). 청소년상담. 신정출판사.

손은령, 이희수, 조동섭(2013). 현대 교육학개론. 학지사.

서울대학교 교육연구소 편(2011). 교육학 용어사전. 하우동설.

손성화, 김진숙(2016). 대한민국 교육, 생각에 빠지다. 공동체

손영환, 안영후(2001). 교육의 이해. 학지사.

송명자(1995). 발달심리학. 학지사.

오해섭(2002). 교육학개론. 학지사.

유시주(역)(2000). 선생님. Why I Teach; Inspirational ture stories from teachers
    who make a difference. Esther Wright(1999). PRIMA PUBLISHING. 푸른나무.

윤정일, 허형, 이성호, 이용남, 박철홍, 박인우(2002). 신교육의 이해. 학지사.

여성을 위한 모임(1994). 일곱가지 남성콤플렉스. 현암사.

여성을 위한 모임(1994). 일곱가지 여성콤플렉스. 현암사.

오채환(2008). 융이 들려주는 콤플렉스 이야기. 자음과 모음.

이경화, 유경훈(2014). 창의성. 동문사.

이지현 외 11명(2005). 교육학의 이해. 학지사.

이병승, 우영효, 배제현(2002). 쉽게 풀어 쓴 교육학. 학지사.

이옥형(1985). 유동적 지능과 결정적 지능에 관한 연구: 발달 및 발달에 영향을 미
    치는 관련 변인. 고려대학교 대학원 박사학위논문.

이장호(1986). 상담심리학 입문(제2판). 박영사.

이형행(2004). 교육학개론. 서울: 양서원.

이혜성·박경애·금명자·김진숙(2000). 청소년상담 과정 및 기법. 한국청소년상담원.

이춘재 외(1988). 청년심리학. 중앙적성출판사.

장상호(1991). 발생적 인식론과 교육(Piaget, J). 교육과학사.

전정태, 이대석(1996). 교육학의 이해. 교육과학사.

정명화, 김신곤, 신경숙(2004). 교육학개론. 양서원.

정영근(2001). 인간이해와 교육학. 문음사.

정옥분(역)(1992). 인간발달 II : 청년기, 성인기, 노년기. 교육과학사.

정일제 역(2008). 슈퍼 리더십. 21세기 북스.

정제영, 이선복(역)(2021). 인공지능 시대의 미래교육. 박영사.

정현선, 김아미, 박유신, 전경란, 이지선, 노자연(2016). 핵심역량 중심의 미디어
    리터러시 교육내용 체계화 연구. 학습자중심연구. 16(11). 211 – 238.

주삼환(1997). 학교경영과 교내장학. 학지사.

주삼환, 천세영, 김택균, 신붕섭, 이석열, 김용남, 이미라, 이선호, 정일화, 김미정, 조
    성만(2015). 교육행정 및 교육경영. 5판. 학지사.

주영흠, 박진규, 오만록(2002). 신세대를 위한 교육학개론. 학지사.

차갑부(2002). 열린사회의 평생교육. 양서원.

천성문·박순득·배정우·박원모·김정남·이영순(2006). 상담심리학의 이론과 실제.
    학지사.

최창호(2003). 창의적 리더는 자장면을 먼저 시키지 않는다. 학지사.

최호성, 장사형, 김광수, 이진희(2018). 학교폭력 예방 및 학생의 이해. 박영사

하동석·유종해(2010). 이해하기 쉽게 쓴 행정학용어사전.

한국교육심리학회(2000). 교육심리학 용어사전. 학지사.

한국진로교육학회(1999). 진로교육의 이론과 실제. 교육과학사.

한승호·한성열 역(1998). 칼 로저스의 카운슬링의 이론과 실제. 학지사.

한준상(1999). 청소년학 연구. 연세대학교 출판부.

홍용희(역)(1995). 어린이들의 학습에 비계설정: 비고스키와 유아교육. 창지사.

Bandura, A.(1977). Self – efficacy: Toward a unifying theory of behavioral
    change. Psychology Review, 84, 191 – 215.

Corey, G.(1986). Theory and practice of counseling and psychotherapy(3th
    ed.). Pacific Grove, CA : Books/ Cole.

Seels, B & Richey, R. (1994). Instructional Technology: The Definition and Domains of the Field. Washington D.C.: Association for Educational Communications and Technology.

Januszewski & Molenda (2008). Educational Technology: A Definition with Commentary. NY: Routledge.

Weiner, B.(1992). Human motivation metaphors, theories, and research. Newbury Pa가, CA: Sage.

Woolfalk, A. E.(2007). Educational Psychology(10th ed.). Boston: Allyn

[저자 약력]

김훈희

경상국립대학교 교육학 박사

세부영역: 교육과정, 교육방법, 교원교육, 영재교육, 창의성

現 진주보건대학교 간호학부 교수

황영신

경상국립대학교 교육학 박사

세부영역: 교육심리, 상담, 학습전략, 교육프로그램 개발

現 진주보건대학교 간호학부 외래교수

공존에 대한 사색: 인간 교육 사회

초판발행	2023년 12월 29일
지은이	김훈희·황영신
펴낸이	노　현
편　집	탁종민
기획/마케팅	박세기
표지디자인	BEN STORY
제　작	고철민·조영환
펴낸곳	㈜ 피와이메이트
	서울특별시 금천구 가산디지털2로 53, 210호(가산동, 한라시그마밸리)
	등록 2014. 2. 12. 제2018-000080호
전　화	02)733-6771
f a x	02)736-4818
e-mail	pys@pybook.co.kr
homepage	www.pybook.co.kr
ISBN	979-11-6519-497-0　93370

정　가　　　14,000원

박영스토리는 박영사와 함께하는 브랜드입니다.